AF590176

HISTOIRE

BIBLIOTHÈQUE INTERNATIONALE.

VICTOR JOLY.

HISTOIRES TÉNÉBREUSES.

ROMANS

VOYAGES

Propriété des Éditeurs.

BRUXELLES,

AUG. SCHNÉE ET COMPie, ÉDITEURS,

2, Impasse du Parc (rue Royale).

1857

MÉMOIRES

HISTOIRES TÉNÉBREUSES.

ÉDITION SCHNÉE.

BRUXELLES. — TYP. DE J. VANBUGGENHOUDT,
Rue de Schaerbeek, 12.

BIBLIOTHÈQUE INTERNATIONALE.

VICTOR JOLY.

HISTOIRES TÉNÉBREUSES.

Propriété des Éditeurs.

BRUXELLES & LEIPZIG.
AUG. SCHNÉE ET COMP^ie^. ÉDITEURS,
Rue Royale, impasse du Parc, 2.
1857

LA MORT

DE

GUILLAUME D'AREMBERG DE LA MARCK,

DIT LE SANGLIER DES ARDENNES.

I

C'est une chose merveilleuse à voir avec quelle facilité les erreurs envahissent l'intelligence humaine, qui semble par sa propension à accueillir le mensonge, être une terre ingrate et infertile où l'absurde pousse et croît avec une vigueur de séve inouïe, tandis que la vérité a besoin, pour se développer, d'un travail âpre et constant, qui fort souvent, et malgré qu'on en ait, reste sans résultats.

Depuis quelques années surtout, il s'est fondé

dans ces cryptes de la presse qu'on appelle *feuilleton*, une école historique qui menace de donner du fil à retordre aux Saumaises futurs. Walter Scott, que Dieu ait en sa garde! fut le premier qui, sans pudeur ni crainte, vint greffer le pastiche, la fantaisie sur le tronc grave et sévère de l'histoire qu'il étouffa ainsi sous les lianes luxuriantes et fleuries de son imagination de poëte. Bientôt une foule d'imitateurs, se ruant sur les traces du romancier écossais, arrangèrent tant et si bien les annales de chaque peuple, qu'ils purent bientôt, comme Sganarelle, répondre aux simples étonnés : *Nous avons changé tout cela.* Un désordre inouï, une confusion diluvienne, un tohu-bohu ténébreux et inextricable fut la conséquence de ce nouveau système historique dans lequel les peuples cherchaient vainement à retrouver les linéaments primitifs de leur physionomie nationale. La vérité n'étant plus qu'un *accessoire* et le *drame* étant devenu la chose principale, on ne se préoccupa ni de faits, ni de dates, ni de vertus, ni de vices. On fit plus : selon les exigences du drame, du roman ou du feuilleton, on canonisa le crime, on calomnia la vertu, et comme si l'histoire des folies ou des bassesses humaines n'offrait pas un champ assez riche et assez plantureux à l'imagination, on réhabilita des réputations monstrueuses que l'histoire avait estampées d'un sceau de réprobation et de mépris. On s'évertua à prouver que Néron était digne de tous les prix Monthyon de l'ancienne Rome, que Caligula, Richard III, don Pèdre de Castille, Philippe II et ce bon monsieur de Robespierre étaient d'honnêtes gens auxquels l'humanité devait des monuments expiatoires. On fit le rebours quant aux vertus qui furent fort étonnées d'être un beau matin l'objet de vifs et chauds réquisitoires. La chaste et froide Marie Tudor devint une espèce de Messaline du Nord. Quelles saintes et pudiques couronnes la main des poëtes n'a-t-elle pas arrachées aux plus chastes fronts! De quelles boueuses calomnies n'a-t-elle pas maculé des robes d'innocence, tandis qu'elle jetait un nimbe d'or au front des noms piloriés par l'histoire! Misère profonde! ou corruption plus profonde encore qui ne respecte pas le seul héritage de ces illustres morts : la bonne renommée de vertu et de chasteté pour les femmes, celle de courage et de loyauté pour les hommes.

Nous avons pu voir il y a quelque temps, sur nos théâtres, la réhabilitation morale d'un de ces chacals que l'histoire nous montre toujours empressés à rabattre les victimes sous l'ongle du tigre, à pousser les proscrits sous la hache ou le nœud coulant du bourreau : Vargas, ce féroce limier du duc d'Albe, nous a été dépeint comme un saint martyr de patriotisme. Un homme s'est senti le courage de débarbouiller cette sanglante figure, d'absoudre cette âme ténébreuse. Puis sont venus d'autres poëtes, d'autres écrivains qui ont entrepris des tâches non moins ardues. Les uns, fouillant dans les plus infects cloaques du 18e siècle, ce siècle de corruption et de vices sataniques, ont exhumé la hideuse et épouvantable mémoire du marquis de Sade, pour essayer de l'ennoblir et de la faire absoudre par le talent de la parole. Puis est venue l'apothéose de la Brinvilliers, de Robespierre, de Jean Chatel, etc., etc., que nos romanciers et nos poëtes ont tour à tour présentés au siècle étonné comme des victimes d'une époque qui n'était pas à la taille de ces géants de passions, d'intelligence ou de génie!

Et voilà cependant ton œuvre, ô Walter Scott! voilà les fruits de ta parole, ô grand poëte d'Abbotstford! c'est par la brèche que tu fis à l'histoire que se sont introduits tous ces iconoclastes impies qui se ruent en insensés dans le panthéon sacré des peuples, y profanent, ou y couronnent, selon le besoin de leurs œuvres d'un jour, ces antiques renommées de grandeur ou de ruine! Voilà ce qu'a produit un grand, mais funeste exemple, et qui fait aujourd'hui que les nations étonnées et confondues ne savent plus à qui décerner le triomphe, ni à qui infliger les gémonies!

Et lorsque nous jetons un regard sur notre passé

littéraire, passé d'un jour comme notre avenir! nous sentons que nous ne sommes pas restés purs de calomnies historiques, que nous aussi nous avons quelquefois, dans *l'intérêt du drame,* comme on dit aujourd'hui, pollué quelque beau et noble nom, embelli ou orné quelque sombre ou sanglante mémoire. Nous voulons donc aujourd'hui, ô grand maître, payer notre dette à la vérité en montrant sous son vrai jour les derniers moments d'un homme que tu sacrifias à *l'intérêt du drame,* tout chargé de tes anathèmes, sans un regret, sans une larme pour sa mauvaise et dolente fin.

Qu'on nous pardonne cette longue digression, ce pompeux péristyle à un médiocre monument, mais nous avions besoin de justifier nos reproches et d'expliquer le motif qui nous fait entreprendre aujourd'hui de raconter un fait que l'erreur a popularisé, mais qui n'est guère connu sous son vrai jour : nous voulons parler des derniers moments du fameux Guillaume de la Marck, dit le *Sanglier des Ardennes*, dont la sombre figure remplit un magnifique épisode d'un des plus beaux romans de Walter Scott, *Quentin Durward.*

Peu d'hommes ont été plus sévèrement traités par l'histoire que ce hardi chef de routiers, dont le nom retentit dans les chroniqueurs du quinzième siècle comme un glas de mort et d'épouvante. Sa bravoure féroce, ses instincts de meurtre et de pillage, sa sauvage énergie, ses cruelles vengeances, son âpre soif de richesses et de volupté, jugés au point de vue de nos mœurs actuelles, doivent certes le vouer à l'exécration de la postérité. Mais si l'on se place par la pensée au milieu de ce quinzième siècle si plein de luttes sanglantes et acharnées, de vengeances impitoyables, de guerres où vainqueurs et vaincus se souillent tour à tour des mêmes horreurs, se vautrent dans la même fange, où le bourreau vient, à la fin de chaque bataille, glaner pour le gibet ou l'échafaud; où les traités ne sont, pour les Bourguignons comme pour les Français, qu'un piége où l'un des partis espère attirer l'autre; où un jeune homme, Louis de Bourbon, réunissant à 19 ans sur sa tête un double pouvoir spirituel et temporel, scandalise et blesse une nation par ses honteuses débauches et son insolent despotisme; si l'on se place, disons-nous, à ce point de vue, le seul sous lequel on puisse juger sainement cette intéressante partie de l'histoire du moyen âge qui se termine à la paix d'Arras, on aura une autre idée de ce formidable condottière liégeois, dont la mort fut un crime, commis, comme tant d'autres à cette époque, pour venger un autre crime.

La paix d'Arras venait d'être signée, le 29 décembre 1482, entre deux champions également fatigués d'une longue et cruelle guerre. Louis XI, du sein de son lit d'agonie, jouissait enfin de la réalisation de l'œuvre de toute sa vie : l'abaissement de cette maison de Bourgogne que sa haine froide et implacable avait poursuivie jusque dans les enfants de la fille de Charles le Téméraire. La France et la Belgique épuisées comptaient leurs plaies et leurs ruines. Liége, l'audacieuse cité dont l'orgueil se courbait sans se briser jamais, encore toute saignante de sa longue lutte, obéissait à la main de fer de Guillaume de la Marck, qui venait de frayer pour son fils Jean un chemin sanglant à la double couronne de la fière commune.

Débarrassé de son principal ennemi, Louis de Valois, qui avait toujours été pour Guillaume de la Marck un allié fidèle, quoique secret, Maximilien songea que le moment était venu de venger la triste et cruelle fin de son oncle Louis de Bourbon. Abandonné à ses propres forces qui n'étaient rien, comparées à celles de Maximilien, le Sanglier des Ardennes sentit que le moment approchait où il allait avoir à rendre des comptes sévères et où bien des voix lui demanderaient sang pour sang, vengeance pour vengeance. Après quelques luttes acharnées dans lesquelles il perdit la plus grande partie de ses féroces marcassins raccolés sur le pavé de Paris parmi la haute truanderie et les bandes d'écorcheurs, de routiers et de malandrins qui se montrent à la fin de toute longue guerre comme les vautours après une bataille; après quelques efforts désespérés, mais inutiles, Guillaume de la Marck s'enferma dans Liége, d'où, après un siége de quelques semaines, il sortit sain et sauf, emportant 20,000 écus d'or et le gage de la seigneurie de Bouillon qu'il put joindre à la riche seigneurie de Franchimont qu'il avait obtenue antérieurement du chapitre de Liége.

Toujours porté à suivre la pente de son imagination poétique, Walter Scott, sur le simple titre de *Sanglier des Ardennes*, donné par les chroniqueurs à Guillaume d'Aremberg, s'est cru obligé de prêter à ce dernier une vague ressemblance avec l'animal dont il s'était incarné la fougue aveugle, le courage indomptable; et si nos souvenirs ne nous trompent, le poëte écossais lui a donné jusqu'aux défenses d'ivoire, pour rehausser sans doute la valeur du jeune Breton sous la claymore duquel il fait tomber le vaillant condottière.

Enfermé dans son château d'Aigremont, où il s'était retiré avec les débris de sa bande infernale, dont les pourpoints rouges, ornés d'un sanglier noir à la manche, jetaient l'effroi dans l'âme des plus braves, de la Marck ne se permettait plus que rarement ces courses bien-aimées dans lesquelles il tombait au milieu des plaines du Brabant, rapide et dévastateur comme un torrent. Dans la force de l'âge, il maugréait comme un reître d'être soumis à cette existence claustrale qui seyait à ses appétits de vautour comme une couronne de fleurs à un morion de Milan. Le souvenir du meurtre de Grivegnée, où son bienfaiteur était tombé à ses pieds le front ouvert par la hache d'armes, l'obsédait; il lui fallait, pour tromper ses remords ou ses regrets, les chaudes et viriles émotions des mêlées, où le contact des épées galvanise l'homme et où la présence du danger fait taire toutes les autres émotions. Ses plaisirs étaient la chasse et l'éducation de sa fille, ange tombée avec sa robe d'innocence au milieu de ce pandemonium, et ignorante de la sanglante et fatale renommée de son père.

Tandis que le terrible condottière se reposait dans son aire d'Aigremont dont il avait fait réparer les formidables murailles détruites par Louis de Bourbon en 1474, sanglant affront dont Guillaume de la Marck tira plus tard une implacable vengeance; tandis que le pays de Liége pansait ses plaies encore toutes béantes des dix dernières années les plus sanglantes de son histoire, Jean de Horne, le successeur de Louis de Bourbon, n'avait pas abandonné la pensée de venger un jour sur Guillaume de la Marck l'écrasante et insolente domination que celui-ci avait exercée si longtemps dans le pays de Liége. Attaquer contre la foi des traités et de la paix du 22 mai 1483, dans une citadelle inexpugnable, celui auquel il avait juré paix et bonne foi sur les saints Évangiles, c'était pour Jean de Horne une entreprise trop audacieuse et même trop favorable à l'ennemi qu'il voulait abattre. Comme en outre le *Sanglier* avait de nombreux amis dans le peuple et qu'il pouvait compter sur les débris épars de ses vieilles bandes que la paix avait réduites au repos, et qui n'attendaient pour recommencer leur carrière de meurtre et de pillage qu'un signal et la vue du gonfanon d'or des d'Aremberg, portant pour cimier une hure sanglante, le prudent évêque songea à obtenir par la ruse ce qu'il ne devait pas espérer d'obtenir par la force ouverte.

L'évêque avait deux frères, le comte de Horne et le sire de Montigny, qui se distinguaient par leur luxe, leurs meutes royales et leurs débauches. Le sire de Montigny surtout était le type des lions de cette époque, où le sang rougissait, autant que le vin, la nappe des tables d'orgie, où des passions ardentes faisaient taire la loi devant la pointe de leurs épées, où l'on jouait sur un coup de dés les dépouilles de quelque province, de quelque ville ou de quelque moutier mis à sac, au cri de vive Bourgogne ou de vive France ! Ce fut donc ce dernier que Jean de Horne dépêcha au castel d'Aigremont pour relancer en rase campagne ce farouche sanglier qu'on n'osait attaquer en face, tant on craignait son indomptable courage.

Par une froide et brumeuse soirée de l'an de grâce 1484, l'archer placé dans une des guérites de pierre qui surplombaient la poterne du châtel d'Aigremont, héla de la voix un groupe de cavaliers qui venaient de s'arrêter au bord du fossé, après avoir considéré d'un air désappointé le pont-levis dont l'extrémité touchait à l'écusson formant la clé de voûte de la poterne.

— Holà ! détalez au plus vite, cria la sentinelle aux inconnus, ou je vous envoie un vireton emplumé qui vous prouvera qu'il n'y a que des coups à gagner ici pour les routiers et les Brabançons de votre espèce.

— Le ribaud est bien gardé! dit une voix du groupe du dehors, et il ne fait pas bon de s'attaquer dans son clapier d'enfer. — Puis, s'adressant à la sentinelle avec un accent de commandement impérieux, la même voix continua :

— Mon mignon, si tu ne veux recevoir cinquante bonnes cinglades sur les côtes, à ma recommandation, va avertir ton maître et seigneur que le sire de Montigny, frère de l'évêque de Liége, son seigneur et le mien, lui vient demander une nuit d'hospitalité, un flacon de vin du Rhin et une tranche de venaison. Va et hâte-toi.

On entendit l'archer désarmer son arbalète et ses pas s'éloigner dans l'intérieur du château.

— Savez-vous, monseigneur, que c'est tenter Dieu

que venir reposer sa tête sous le toit de ce mécréant, dit une autre voix au cavalier qui avait interpellé l'archer.

— On voit bien à votre courage, messire Arnold, que vous êtes maître passé en fait de patenôtres et non en fait d'armes; nous n'avons rien à craindre de messire d'Aremberg, qui, après tout, est peut-être moins diable qu'on ne le dit.

Un bruit de pas et de voix vint rompre ce dialogue. On entendit bientôt crier la chaîne du pont-levis, qui s'abaissa lentement sur la marge du fossé.

— Saint Lambert nous soit en aide! murmura Arnold ; nous allons donc nous trouver face à face avec un des grands barons de Satan!

— Mon brave et digne pédagogue, fit le seigneur de Montigny en appuyant sur chacune de ses paroles, si tu veux en croire une barbe moins grise que la tienne, serre la bride à ta langue tant que nous serons dans cette aire de vautours, et songe qu'un mot, un geste, peuvent nous mettre sur les bras une nuée de ces malandrins qui grouillent là dedans, et qui pour un denier se tailleraient un pourpoint dans la peau de leur père. Par ainsi, sois prudent comme un serpent et muet comme une carpe!

A travers la herse baissée, on vit s'avancer un groupe d'hommes armés de hallebardes et d'arquebuses; tous portaient sur la manche droite une tête de sanglier en drap rouge. Leurs traits durs et farouches, éclairés par la lueur des torches, ne contribuaient pas peu à donner une physionomie fort peu rassurante à toute cette scène.

— Vous voulez parler à notre maître, dit une voix rauque et avinée ; de combien d'hommes se compose votre escorte ?

— Nous sommes quatre, moi, mon écuyer, mon pédagogue et un page, tous gens fort peu à redouter et ayant plus à cœur de jouer des mâchoires que des couteaux, sans compter que nous sommes altérés comme des lansquenets.

Un grognement sans nom, qui pouvait ressembler à un sourire, répondit à la harangue de Montigny, qui se hâta de franchir la herse qu'on venait de lever en même temps que le pont du fossé.

— Suivez-nous, monseigneur, dit l'homme qui paraissait être le chef de la garde de nuit ; je vais vous conduire à mon maître.

Montigny et sa petite suite traversèrent sur les pas de leur guide une vaste cour où l'herbe croissait drue et serrée ; la lune qui en ce moment venait d'écarter un pan de son voile de nuages, dessina devant eux la noire silhouette d'un donjon isolé au milieu de la vaste cour. Devant les fenêtres illuminées de reflets rouges et fauves, on voyait passer rapidement des ombres qui semblaient emportées par le tourbillon de quelque valse infernale. Un murmure confus de bruits et de voix sortait de cette vaste ruche de bandits, congrès cosmopolite de coupe-jarrets, où tous les peuples étaient représentés par quelque ribaud ayant mérité trois fois la hart. Le conducteur de Montigny entra dans le donjon, monta un escalier en spirale caché dans l'épaisseur du mur; puis, poussant une porte, il entra dans la salle d'ou partaient les bruits qu'il entendait de la cour, en disant à ses compagnons de l'attendre dans ce lieu pendant qu'il irait prévenir le comte de leur arrivée.

Le spectacle qui frappa les yeux des voyageurs était assez étrange pour mériter qu'on s'y arrêtât un moment, et, malgré son audace, le jeune de Hôrne se sentit un peu troublé devant le tableau qui frit tout à coup à sa vue.

Auprès d'une vaste cheminée sous l'immense manteau de laquelle quelques hommes, mi-soldats, mi-brigands, fourbissaient leurs morions et leurs poignards, étaient placées plusieurs tables occupées toutes par des joueurs aux vêtements bariolés et qui témoignaient du peu de souci qu'avaient leurs proprétaires de l'uniformité du costume. Sur le sable, de vastes pots de grès et d'étain passaient tour à tour aux lèvres velues des soudards, dont l'œil commençait à s'acérer des premiers éclairs de l'ivresse. A leur côté et à leur ceinture brillaient des armes de toute espèce, depuis la hache franke jusqu'au stylet ultramontain. Des pièces d'or couvraient les lourdes tables où retentissaient les dés dont chaque coup était accompagné de blasphèmes et de jurements polyglottes. Quelques joueurs dépouillés, devenus spectateurs, formaient une galerie de têtes viriles fortement accusées et sur lesquelles toutes les mauvaises passions avaient laissé leurs empreintes. A quelques pas des gigantesques chenets de la cheminée où brûlait un tronc de hêtre entier, étaient étendus, roulés dans leurs capes brunes, quelques routiers ivres-morts et dont les ronflements s'élevaient bruyamment dans les rares moments de silence où toutes les haleines étaient suspendues par l'attente d'un coup décisif. Chacun des soudards avait conservé les caractères distinctifs de sa nation : les Allemands se grisaient avec une gravité royale et n'interrompaient leurs lampées que pour hurler en chœur, avec des voix rauques et rouillées comme les girouettes du donjon, quelque chanson de bivouac ; les Français, débris de la troupe de 3,000 hommes que de la Marck avait ramassés, dix-huit mois auparavant, sur le pavé de Paris, et qui se composait de la crème des truands, des mauvais garçons et de cette fange humaine qui grouillait dans les sentines de la Cour des Miracles, toute cette légion d'enfants perdus, voués au glaive et au gibet, et sur laquelle la guerre avait prélevé de si larges dîmes, qu'il n'en restait plus qu'une centaine de valides, chantait à tue-tête des noëls et des rondels, interrompus par de joyeux propos et de fous rires. De temps à autre, quelque menace bruyante dominait cette bacchanale; les mains cherchaient les dagues, et les regards la place où les planter; mais une puissance mystérieuse, inexplicable, empêchait les routiers de joindre l'effet à la parole. On sentait vaguement qu'il pesait sur ces natures violentes, sanguinaires et sans frein, quelque mystérieuse influence qui les contenait et à laquelle ils se soumettaient en maugréant.

Les murs de la vaste salle, sur lesquels la flamme du foyer faisait courir de sanglantes et rouges lueurs, étaient tapissés d'armes de guerre et de chasse, de bois de cerfs, de hures de sangliers, de têtes et de peaux de loups, que les jeux capricieux de la lumière de l'âtre faisaient jaillir de l'ombre comme des convives de quelque mystérieux sabbat. Toute cette scène fortement caractérisée avait frappé le sire de Montigny de quelque secret émoi, et peut-être en était-il à se repentir d'être venu se jeter aussi imprudemment au milieu de ce congrès de bandits dont quelques-uns avisaient déjà curieusement l'énorme chaîne d'or qui pendait sur son pourpoint, tandis que les autres se communiquaient leurs observations à voix basse. Un vieux lansquenet à barbe grise et dont la figure de cuir de Cordoue était labourée de cicatrices, prenant sans doute Montigny pour quelqu'une de ces recrues que le malheur des temps forçait d'avoir recours à la vie agitée des aventuriers, lui dit d'un air grotesquement paternel :

— Vous ignorez donc, mon mignon, que grace à la maudite paix de mai de l'an dernier, nous avons pendu la dague au clou, et qu'il n'y a plus que des coups à gagner depuis la mort de messire Louis XI, lequel nous a donné de si belles besognes pendant son benoît règne. Corne du diable! depuis le trépassement de ce protecteur des francs routiers et des barons de la Verte-Tente, nous voici serrés entre Maximilien, Jean de Horne et le roi de France, comme des rats au milieu d'un concile de chats, sans savoir par où donner. La ribauderie est morte avec Charles de Bourgogne et Louis de Valois à qui la griffe de monsieur Satan soit légère! Fais-toi clerc, mignon, ou bien, si le cœur te pousse, va guerroyer en Flandre. La bonne ville de Gand, qui jamais ne demeure trois mois tranquille, donnera de l'occupation à ton épée. Quant à nous, nous sommes devenus d'honnêtes chrétiens; le Sanglier fait pendre haut et court quiconque volerait une poule à un manant!

— Ho! ho! camarades, écoutez le diable qui monte en chaire! la fin du monde approche! Hermann, le vieux reître, prêche le mépris des richesses; le vieux loup édenté dit ses patenôtres!

L'œil de l'Allemand brilla d'un éclair de rage et, saisissant sur la table un lourd pot d'étain, il le lança à la tête du ribaud parisien qui esquiva adroitement le choc et mit la dague au vent pour s'élancer sur son ennemi. Ce fut le signal d'une confusion terrible, vingt couteaux brillèrent et une féroce tuerie allait s'engager, lorsque tout à coup une portière de velours s'écarta et Guillaume de la Marck parut.

A la vue de leur redoutable chef, dont le regard sévère semblait leur demander compte de cette infraction à la discipline, les routiers se calmèrent comme par enchantement et rengainèrent leurs poignards avec des grognements pareils à ceux d'une meute à qui l'on arrache une proie. Le sire de Montigny, lequel avait assisté à toute cette scène qui un moment plus tard allait devenir sanglante, s'avança vers le comte Guillaume d'un air courtois et dégagé :

— Mon cousin, lui dit-il, ai-je eu tort de compter sur votre courtoisie et d'espérer que vous nous accorderiez une nuit d'hospitalité dans votre castel? Nos chevaux sont fourbus et notre estomac est vide; puis la nuit est venteuse et noire, et d'ici à une heure il ne fera pas bon être dans les champs sans autre abri qu'un pourpoint de velours.

Pendant cette courte supplique prononcée avec

une nonchalante légèreté, de la Marck, qui d'abord avait pris un air froid et sévère en apercevant Montigny, se dépouilla de la gravité diplomatique avec laquelle il avait d'abord reçu son hôte et lui tendit la main avec une franchise âpre et soldatesque.

— Mon château n'a pas souvent l'heur de pareilles visites, et il faut de graves motifs, monseigneur, pour que vous ayez oublié que vous venez demander l'hospitalité à un proscrit que votre maison a trop souvent tenté d'abattre pour que je me fasse illusion sur ses sentiments à mon égard. Cependant, puisque vous voici mon hôte, je vous traiterai comme tel et aussi longtemps qu'il vous plaira de nous honorer de votre présence.

La solennité de ces paroles émut sans doute Montigny en le faisant songer au motif qui l'avait conduit à Aigremont, car, ramenant sa cape qu'il s'était préparé de remettre à un valet, il répondit d'un air d'apparente insouciance :

— Mon cousin, j'étais venu vous demander une tranche de venaison pour moi, une litière pour mes chevaux et un abri pour nous tous et voici que vous me parlez comme à un ambassadeur de mon honoré frère qui viendrait vous proposer un traité! Par la croix Dieu! traitez-moi autrement, je vous prie, les affaires me font chauvir les oreilles comme un cheval ombrageux. Chacun sa mission en ce monde.

Mon honoré frère et seigneur l'évêque aura, j'espère, assez de crédit au ciel pour qu'on ne m'envoie qu'au purgatoire; quant à moi, les robes fourrées me font peur et j'aime les bons et rudes compagnons comme vous, buvant à la royale, sachant forcer un sanglier, fendre d'un coup d'épée un crâne encasqué, manier un cheval à la moresque et jouer à la prime bellement et sans maugréer, y laissât-on son dernier château et son ultime pourpoint.

Après cette belle profession de foi dont les principes avaient été mis en œuvre trop de fois par de la Marck pour qu'il ne les accueillît pas avec faveur, Montigny se campa fièrement sur la hanche gauche, retroussa bravement sa moustache et arrangea sa fraise de l'air le plus vainqueur qu'il pût.

— Par ma barbe! cousin, dit de la Marck, tout pantois et ébahi de ce qu'il venait d'entendre, je suis aise de voir à l'épreuve si vous pratiquez vos principes aussi bien que vous le dites. Puis, se tournant vers Arnold qui avait écouté toute cette conversation de l'air d'un homme qui doute s'il veille ou s'il rêve, il lui secoua rudement le poignet, en lui disant avec un sourire qui fit frémir le pauvre pédagogue :

— Vous avez fait là un élève qui ne doit pas vous faire honneur auprès de l'évêque, messire. Ce sera un bon et fier soldat qui fera honneur au drapeau sous lequel il tirera l'épée. Mais c'est assez parler, j'oublie que vous avez besoin de vous réconforter par quelque chose de plus solide que des paroles. Suivez-moi, messires, et puisse votre appétit être à la hauteur du souper !

— Pour cela nous en répondons ; faim de Suisse et soif de lansquenet sont dignes d'une table de roi, dit Montigny en débouclant son épée qu'il passa sous son bras.

Deux soudards, velus comme des ours, s'emparèrent chacun d'un flambeau et précédèrent le comte jusqu'à la salle à manger où déjà une table se trouvait dressée avec un luxe vraiment royal. Arnold remarqua, non sans une secrète épouvante, que les coupes destinées aux convives, n'étaient autres que des calices que la guerre civile et les pilleries des soldats du Sanglier avaient fait passer des monastères et des riches abbayes dans l'antre crénelé des condottieri d'Aigremont. Celui du maître était enrichi de pierres précieuses et portait un relief d'or représentant la passion du Christ.

—Que Saint-Lambert nous soit en aide ! murmura Arnold à l'oreille de son maître, ce mécréant nous prend sans doute pour des Sarrasins ou des Bohêmes, pour oser nous offrir de pareilles coupes !

Montigny, pour toute réponse, lui lança un foudroyant coup d'œil en portant son index à ses lèvres en signe de discrétion.

Le souper commença, splendide et plantureux ;

les pages emplissaient les vastes coupes auxquelles Arnold ne portait ses lèvres qu'avec crainte : bientôt, cependant, le vin, cette clé de tous les cœurs et de tous les secrets, illumina les regards des convives. Montigny qui sentait le besoin de conserver sa raison intacte et qu'effrayaient la vaste soif et la capacité gargantualesque de de la Marck, ne levait plus qu'à de rares intervalles son hanap où dormaient, avec les flots dorés du vin du Rhin, tous les lutins et toutes les fées de l'ivresse.

— Oh, oh! qu'est-ceci? Dites-vous merci et demandez-vous grâce? exclama le comte, jetant sur son hôte un regard profond et inquisitif.

— Jusqu'aujourd'hui, j'ai vu des coupes d'une capacité honnête, dit Montigny en prenant en main son vase d'or dont la vaste circonférence ferait frémir nos buveurs d'aujourd'hui, qui dorment à la troisième bouteille de champagne; mais, à moins d'avoir le feu Saint-Antoine aux entrailles, je ne vois pas moyen d'aller au delà de quelques lampées; je croyais n'avoir à vider que deux ou trois cruches et vous me proposez de mettre à sec le foudre d'Heidelberg : c'est trop, en vérité.

— Pauvre buveur, mauvais soldat, dit le comte, c'est le proverbe.

— Proverbe d'Allemand ou d'éponge, hasarda Arnold qui commençait à se rassurer en voyant que la foudre n'était pas venue troubler leur souper.

— Vous ne devez pas vous amuser toujours dans votre nid de faucons, dit Montigny en se renversant sur le dos de sa chaise; après une vie agitée et riche d'émotions comme la vôtre, la solitude claustrale de votre manoir doit vous peser. Ces voûtes doivent vous étouffer, vous, jadis toujours guerroyant, l'estoc au poing, poussant un bon cheval de guerre au cœur des mêlées d'acier et d'ennemis abattus. Vrai Dieu! vous devez vous ennuyer royalement.

— Que feriez-vous à ma place, cousin? fit de la Marck, auquel les paroles du jeune homme avaient fait monter au front le feu des batailles. — Guerroyer? contre qui? la paix d'Arras a rivé tous les glaives au fourreau, Maximilien a laissé tomber la maison de Bourgogne sous la main décharnée d'un cadavre royal qui, au bord de sa tombe, a détruit la grande puissance de Charles de Bourgogne et de Philippe le Bon. Et puis aujourd'hui, à qui offrir son épée? J'ai appris par Louis de Valois ce que valent les amitiés royales; le rusé compère ne m'avait-il pas cédé pieds et poings liés à Maximilien par son traité d'Arras? N'ai-je pas été payé d'ingratitude par les Liégeois après les avoir délivrés d'un insolent despotisme? Allez! les barbes grises telles que la mienne savent ce que valent les traités et les amitiés princières. Il n'est qu'un seul ami qui ne m'ait jamais trompé jusqu'aujourd'hui : c'est mon épée.

— La solitude où vous vivez vous donne ces pensées, répondit Montigny; certes, la guerre a ses plaisirs, mais la paix a ses délices. Que ne venez-vous à Liége : il y a dans les forêts des Ardennes plus d'un sanglier à forcer, plus d'un chevreuil à abattre : il y a surtout plus d'un jeune gentilhomme qui voudrait faire son éducation de guerre sous les leçons de votre vieille expérience. Et puis le peuple vous aime à Liége, messire, et se plaint quelquefois des temps où les sangliers rouges le conduisaient à l'ennemi sous la bannière de Saint-Lambert.

— Le peuple m'aime, dites-vous, cousin; mais les nobles et le clergé en disent-ils autant? Ont-ils oublié que j'ai brisé dans leurs mains la tyrannie que Louis de Bourbon avait voulu élever sur les ruines des libertés municipales? Mon nom n'est-il pas un objet d'épouvante, un drapeau sanglant auquel on n'a fait grâce d'aucune infamie, d'aucune atrocité? Et pouvais-je, moi, répondre par des paroles de paix, alors que chaque jour la justice d'un jeune fou jetait sur notre antique perron les têtes les plus aimées et les plus respectées? Pouvais-je me fier à la foi jurée, quand la main qui venait de se poser sur l'Evangile, signait deux heures après des condamnations de mort, et envoyait au gibet les trop confiants citoyens? J'ai rendu sang pour sang, meurtre pour meurtre, vengeance pour vengeance, jusqu'au jour où le hasard, la fatalité ou le démon plaça Louis de Bourbon sous ma hache... Et puis, voyez-vous, il y a des malheurs et des crimes écrits là-haut!

A ces dernières paroles le front du comte s'était couvert d'un sombre nuage; on eût dit qu'une secrète puissance brisait en ce moment cet homme de fer aux passions indomptables. Il prit son hanap, le vida d'un trait, et lorsqu'il le remit sur la table, on eût pu-y voir l'empreinte de ses dents.

— Au diable ces matières et buvons! dit Montigny en remplissant les coupes. Les morts sont morts, et leur armure de marbre est trop bien doublée pour les rendre jamais! A leur santé!

Avant que Montigny n'eût atteint sa coupe, il se sentit saisir la main par le comte qui, le regardant avec un air terrible et égaré, lui jeta ces étranges paroles :

— Votre parole est celle d'un jeune homme, cousin! Qui vous a dit que les tombeaux de marbre gardaient leurs restes glacés et immobiles? Qui vous a dit qu'ils ne s'éveillent pas quelquefois de leur mystérieux sommeil pour hanter les rêves de vos nuits et se pencher, pâles et menaçants, sur votre couche en murmurant des paroles qui glacent d'épouvante les plus hardis courages? Oh! les ennemis armés d'acier, debout devant vous sous la belle et joyeuse lumière du soleil, ceux-là du moins la dague et l'épée savent les vaincre, les abattre; mais que peuvent ces armes contre ces êtres sans nom, qui, tout glacés et hideux par le contact du tombeau, viennent soulever les courtines de vos lits, s'étendre côte à côte avec vous, et vous souillent par leur affreux contact jusqu'au moment où le chant du coq les renvoie à leurs noires et étroites prisons où le ver, ce roi rampant de la tombe, frémit de joie à leur arrivée!

Le comte s'était animé pendant cette étrange sortie d'une manière fiévreuse; son regard atone et fixe semblait rivé devant lui; sa pâle figure, sa barbe hérissée, ses mains crispées, qui déchiraient machinalement le velours de son pourpoint, firent tressaillir d'effroi ses deux convives, dont l'un surtout, Arnold, récitait tout bas quelque formule de conjuration diabolique.

— Il paraît que je n'ai pas la main heureuse en fait de santés, dit Montigny qui feignit de ne pas s'apercevoir de la sortie étrange de son hôte, buvons alors à quelque bonne guerre qui vous permette de donner la volée à vos faucons que vous retenez ici chaperonnés non sans peine. Vrai Dieu! j'ai cru tantôt que j'allais assister à quelque beau tournoi où le poignard remplace la lance! Vous avez dû vous donner bien du mal, cousin, pour discipliner cette truandaille.

— Mais, pas trop! dit le comte, content de voir détourner la conversation d'un sujet délicat. Lorsque les états de Liége m'exilèrent de mon sol natal et me chassèrent comme un chien édenté, je m'en allai trouver le roi Louis qui me reçut dans son Louvre de Plessis-les-Tours, palais gardé par des bourreaux dont les salles étaient des géôles où hurlaient derrière leurs barreaux de fer une légion de damnés, dans laquelle maître Tristan choisissait chaque jour une ample dîme pour les chênes royaux qui bordaient les fossés du Plessis. Je vis alors ce roi-fantôme dont la main décharnée n'eût pu soulever une épée d'enfant, et dont le souffle déchaînait la guerre sur la France, l'Allemagne, la Bourgogne et la Flandre. En ce temps, sa bonne ville de Paris regorgeait de malandrins, de Brabançons et d'autres fiancés du gibet, qui donnaient de belle besogne aux archers du roi, tuant les bourgeois, enlevant les femmes, dévalisant les boutiques en plein jour, brûlant de temps en temps quelque clapier de filles folles pour se distraire et s'ébaudir un peu, tous prêts à daguer le premier venu pour un écu et à vous vendre leur père pour deux. Je fis donc proclamer dans la cité et sur le parvis Notre-Dame, à son de trompe, que tous ceux qui voudraient venir guerroyer en Flandre et au pays de Liége y trouveraient une mine d'or au bout de leurs rapières. Le soir j'en comptais trois mille que je fis habiller de belles jaques rouges, et c'est à la tête de cette flamboyante légion de démons que j'ai forcé l'insolence des états de Liége à se courber devant moi.

— Tout cela appartient au passé, cousin, et votre persistance à vous tenir enfermé dans votre bastille et à ne tenir compte des avantages et de la franchise de la paix, fait que quelques-uns soupçonnent votre loyauté et assurent que vous préparez sourdement quelque coup de boutoir contre les provinces et qu'un de ces jours, vous lâcherez sur nous vos marcassins. Or, ne serait-il pas convenable de détruire ces bruits dangereux en venant partager quelques jours au palais épiscopal l'hospitalité que vous m'avez si bellement offerte ici?

— On dit à Liége que je veux recommencer la guerre! Et qui dit cela, cousin?

— Philippe de Clèves et d'autres.

— Philippe de Clèves en a menti et, par ma barbe, j'irai demain vous voir à Liége pour montrer que si je veux encore la guerre ce n'est que contre les langues de serpents qui ont fait plus de mal au pays que les lances des hommes d'armes. Et maintenant, cousin, allons nous coucher, et demain j'irai montrer à Philippe de Clèves que si de la Marck s'est montré quelquefois fier et implacable pour infliger de justes représailles, au moins il n'a jamais forfait à la foi jurée.

Puis, prenant un sifflet d'argent à sa ceinture, il en donna un signal connu. Hermann apparut aussitôt à la porte.

— Hermann, faites équiper pour demain au lever du soleil dix hommes d'armes pour m'accompagner.

— Dix hommes seulement! C'est bien peu, dit le vieux soudard d'un air surpris; le pays est couvert des troupes de Maximilien et les communes sont armées et organisées partout de manière à se lever au premier appel du beffroi. Si monseigneur le voulait, quatre-vingts chevaux seraient aussi tôt prêts que dix et auraient bien plus tôt fait la besogne. Tous nos gens aspirent à prendre l'air et à dérouiller leurs estocs.

De la Marck sourit et, se levant de table, il s'approcha affectueusement du vieux reître, puis le prenant par sa moustache grise, il lui dit avec un sourire :

— Le temps des bonnes et friandes expéditions est passé, mon vieil Hermann, nous sommes aujourd'hui des chanoines inoffensifs, retirés des affaires; ainsi, dix chevaux comme escorte d'honneur nous suffiront. D'ailleurs, qui nous attaquerait contre la foi jurée?

— Qui diable songerait à vous attaquer? dit

Montigny; vous avez une renommée de vaillance qui, à elle seule, est un bouclier.

— Il n'y a pas de bouclier qui préserve du poignard d'un traître, dit sourdement Hermann; d'ailleurs, comme je l'ai fait observer à monseigneur, bien de nos gens désirent prendre l'air, et je crains que...

— Qu'est-ce à dire? et depuis quand le cou leur démange-t-il assez pour oser me désobéir? fit le comte avec hauteur; exécutez mes ordres et que tout soit dit.

Le vieux lansquenet sortit la tête basse, terrifié par ce flamboyant regard de son maître qu'il savait l'avant-coureur de quelque châtiment sévère.

— Voilà des serviteurs qui paraissent vous aimer beaucoup, observa Montigny, avec une feinte de sympathie pour les craintes d'Hermann.

— Il n'en est pas un qui ne se fît écharper dix fois avant que de me laisser entre les mains de l'ennemi; tous corps de fer et cœurs de bronze, lions au combat, âpres au pillage. Là, où ils ont passé, je défie le juif le plus vorace de trouver quelque chose à glaner. Et voilà cependant les hommes que Maximilien a repoussés! Vienne donc le jour où je pourrai lui montrer à ses dépens ce qu'ils valent, et, par ma barbe, il s'en repentira de longtemps.

— Savez-vous, cousin, que je suis tout fier

d'avoir si bien réussi dans mon ambassade? dit Montigny en posant joyeusement la main sur l'épaule du comte. On assurait à Liége que vous n'oseriez y remettre les pieds, et voici que je vous ramène triomphant dans cette noble et fière cité qui a gardé de vous de si profonds souvenirs! Votre présence va y rassurer les esprits qui ne croyaient pas à la sincérité de la paix. Nous vous rendrons d'ailleurs, le séjour de Liége agréable; banquets, chasses, tournois, rien ne nous fera faute, et s'il vous plaît, je vous demande, dès ce soir, d'être votre frère d'armes; pour mon gage, je vous offre mon épée en échange de la vôtre, et demain, au lever du soleil, nous pousserons vers Liége, où mon noble frère sera bien étonné de revoir son vieil, mais brave ennemi!

Pour toute réponse, de la Marck tendit sa main rude, mais loyale à Montigny et bientôt, selon une coutume du moyen âge, usitée entre les frères d'armes, le même lit les reçut sous ses vastes courtines de brocart.

II

Le lendemain à l'aube, dix cavaliers bien montés et choisis dans l'élite des routiers, attendaient que le maître parût dans la cour du manoir d'Aigremont, où le vieil Hermann maintenait non sans peine un fier cheval à la puissante encolure. Bientôt Montigny et le comte parurent, et, s'élançant en selle, poussèrent leurs montures vers le pont-levis. En ce moment, un corbeau s'envola d'un des créneaux des remparts et plana pendant quelques instants sur la tête du comte en poussant des cris lugubres. La vue de ce noir messager de malheur, de ce héraut sinistre, jetant ses notes rauques et couvrant le comte de ses ailes d'ébène, mit quelque trouble dans les cavaliers. Les reîtres de de la Marck se regardèrent d'un air de vague effroi qui contrastait avec leur allure guerrière. Montigny voulut rompre le charme qui paraissait s'être emparé même du comte qui, tout rêveur, laissait flotter les rênes de son cheval en prêtant l'oreille comme s'il cherchait à deviner le sens mystérieux de cet avertissement.

— Pardieu, s'écria-t-il, si l'on m'avait dit avant ce jour que la vue d'un corbeau pouvait jeter l'épouvante parmi les fiers soldats du comte d'Aremberg et affaiblir le mâle courage de leur chef, j'aurais traité de fou celui qui m'aurait fait pareil conte.

— Les corbeaux sont prophètes, dit Hermann en interrompant Montigny. A la bataille de Blangy, un de ces oiseaux maudits vint, avant le combat, planer en croassant sur la tête de notre commandant Gottfried qui ne manqua pas d'être tué l'un des premiers. Lorsqu'on vint enterrer les morts, on trouva l'oiseau aux couleurs de Satan perché sur le cadavre du malheureux capitaine. Il n'y a rien à répondre à cela.

— Il y a à dire à cela, reprit Montigny qui

voulait éloigner de l'esprit du comte les sinistres pressentiments qui semblaient s'être emparés de lui, il y a à dire qu'à la bataille de Blangy il y a eu une assez abondante moisson de coups d'épée, d'arquebuse et de hache, pour que ton capitaine Gottfried en eût sa bonne et loyale part. Quant au corbeau qu'on a trouvé sur lui, qui peut prouver que ce fut le même que celui qui le suivait avant le combat? Vos rêveries germaniques n'ont pas le sens commun.

— Et bien, mon vieux solitaire, que répondras-tu à cela? dit de la Marck en souriant; on attaque les croyances aux sorciers, aux corbeaux et aux pressentimens merveilleux!

— J'ai prouvé pendant quarante ans que j'ai promené ma peau à travers les estocs, les balles et les viretons dans vingt batailles, que personne ne pouvait soupçonner mon courage, dit Hermann d'une voix sombre; mais s'il m'arrivait un pareil avertissement du ciel, je tournerais bride, persuadé que quelque déloyale trahison m'attend.

En disant ces mots, le vieux lansquenet avait fixé ses yeux gris et perçants sur Montigny dont l'embarras fut un moment visible. Cependant, il se remit bientôt, et, s'adressant au comte d'un air grave, il lui dit avec un accent de conviction profonde :

— Sire comte, je ne sais jusqu'à quel point peuvent être vraies les paroles de votre vieux serviteur ; mais si cette circonstance pouvait vous donner quelque soupçon sur ma loyauté, je rentrerais seul à Liége, non sans regretter votre détermination.

Un méprisant et dédaigneux sourire vint courber la lèvre du comte de la Marck ; il se retourna sur sa selle, jeta un coup d'œil sur son escorte, regarda Montigny, puis le fatal oiseau qui planait toujours sur lui avec des cris rauques et sourds; puis enfin, serrant convulsivement sa dague et donnant de l'éperon à son cheval, il s'élança en criant à son escorte : En avant, mes marcassins! et au diable Hermann et ses corbeaux.

Le soudard murmura quelques paroles sous sa moustache grise, en se promettant mentalement de faire sauter la tête à Montigny à la plus légère circonstance qui sentirait la trahison.

Le comte et Montigny avaient pris les devants et, tout en faisant exécuter à leurs chevaux mille coquetteries d'équitation, continuaient à s'entretenir gaiement. L'étourderie, la franche gaieté de Montigny, qui ne parlait de son frère l'évêque et des choses les plus graves qu'avec une folle et insouciante légèreté, semblaient avoir chassé toute arrière-pensée de l'esprit de de la Marck, qui, au fond, n'était pas fâché d'être arraché à la froide et énervante solitude de son castel d'Aigremont et de rentrer un peu dans cette vie active pour laquelle il se sentait fait.

— Par ma barbe! dit-il à Montigny, au moment où les tours de Liége commencèrent à poindre devant eux, les Liégeois vont être bien étonnés de voir revenir leur vieil ami qui les a conduits si souvent contre les bannières des Bourbons et de Bourgogne aux cris de Liége et Saint-Lambert! C'est une bonne et vieille race de fer que celle de Liége, mon cousin, et il n'a fallu rien moins que la réunion de la chevalerie bourguignonne et française pour la dompter et la dépouiller de son armure de remparts. Pourvu que mon arrivée n'aille pas amener quelque noise de populaire.

— Tout cela est oublié aujourd'hui, cousin, dit Montigny; Français et Bourguignons se sont tendu la main et ne songent qu'à banqueter joyeusement et le plus souvent possible. Le bruit des estocs et des cuirasses est remplacé par celui des pots, et, vive Dieu! c'est là une belle et plaisante musique qui vaut bien celle des batailles!

En effet, l'arrivée à Liége du redoutable condottière dont la bannière redoutée avait si souvent jeté l'effroi dans le cœur des partisans de Louis de Bourbon, et qui rappelait les terribles et sanglants souvenirs de la fontaine de Grivegnée, cette brusque apparition d'un homme dont la turbulence et l'indomptable courage avaient si longtemps entretenu la guerre civile et courbé sous son despotisme les plus mâles et les plus fiers cœurs de cette cité, cette circonstance imprévue était pour les Liégeois un texte inépuisable de commentaires dont au reste ils ne se firent pas faute. La petite troupe, en traversant les rues de Liége, faillit en effet provoquer une émeute, comme l'avait craint de la Marck. A la vue de leur vieux chef et de cette barbe rousse en éventail qui couvrait sa cuirasse comme d'une cotte d'armes, à la vue de ces rouges sangliers si connus et qui ornaient la manche gauche des pourpoints des reîtres d'Aigremont, une émotion extraordinaire s'empara des Liégeois, qui bientôt formèrent au comte une escorte d'hommes qui menaçait de devenir une armée. Les ouvriers jetaient leurs outils pour venir saluer l'audacieux rebelle qui n'avait jamais été dur qu'aux nobles et aux riches dont il avait brisé l'insolent orgueil et noyé les prétentions dans une mer de sang. Les femmes élevaient leurs enfants sur leurs bras pour leur faire voir le comte dont le regard joyeux se reposait sur tout ce peuple qui jetait à l'air avec ses bonnets et ses chapeaux mille cris de : Noël pour le bon sire de la Marck ! Les plus ardents fendaient la foule pour venir toucher ses armes ou ses vêtemens; ceux qui n'y pouvaient parvenir serraient la main aux hommes d'armes, qui leur souriaient avec une visible satisfaction. Quelques enragés Bourguignons, revenus depuis la paix, affectaient seuls de garder leurs chaperons et leurs bonnets; mais bientôt l'enthousiasme trop violent et trop général fit sauter leurs coiffures de leurs têtes et les força, bon gré mal gré, à crier avec le peuple.

— Voilà une réception dont un roi serait fier, cousin, dit Montigny, que cette ovation contrariait visiblement; jamais je ne vis ces manants aussi allègres et joyeux; je ne sais qui les retient de vous porter vous et votre cheval en triomphe comme ils feraient d'une châsse de monsieur saint Lambert. Par Notre-Dame! les croquants nous rendront sourds avec leurs noëls et leurs hourras! En voici qui hurlent comme des buccins fêlés! et de toutes parts la foule s'acroît! Si vous m'en croyez, cousin, donnez un coup d'éperon à votre cheval.

En effet, la foule devenait tellement compacte et pressée, qu'il fallait se hâter pour ne pas être emprisonné dans les flots de cet océan populaire qui déroulait ses vagues animées par les nombreuses et sombres rues de la ville. De la Marck se dressa sur son cheval, et d'une voix de tonnerre qui semblait faite pour dominer le fracas des batailles, s'écria :

— Merci, enfants, de votre bonne réception; je craignais que vous n'eussiez oublié votre vieux capitaine. Soyez modérés et prudents et ne me gâtez pas par votre ardeur le plaisir que je viens chercher parmi vous! Et maintenant, camarades, un long et bruyant hourra pour votre prince monseigneur de Horne.

La foule, obéissante à cette voix qui jadis soulevait et calmait la lave des séditions, partit d'un long hourra qui fit retentir les vitraux du palais de l'évêché où l'on arrivait en ce moment.

— Cousin, fit Montigny d'un air mi-figue et raisin, jamais je n'ai vu les Liégeois bienvenir d'une telle façon leur seigneur naturel. Ils ont pour vous un furieux amour et une douce souvenance des bonnes pilleries auxquelles vous les avez menés jadis.

— Il faut bien que l'amitié de ces braves gens me console un peu de la haine des gros bonnets bourguignons, qui me voudraient voir figurer au bout d'une hart sur le pont des Arches. Vrai Dieu! ils avaient marchandé ma fressure à Louis de Valois, qui m'avait déjà vendu et s'apprêtait à me livrer comme un bélier écorné, lorsque la vigilance d'Hermann déjoua toute cette trame infernale. Mais quel excès d'honneur! Son Altesse l'évêque qui me vient recevoir lui-même, cousin! C'est là un de ces jours qui versent du baume sur l'amertume des souvenirs du passé!

En effet, sur le perron du palais épiscopal, se

tenait, souriant et serein, Jean de Horne, suivi des grands-officiers de sa maison, dont quelques-uns vinrent aider de la Marck à descendre de cheval. Quand celui-ci eut mis pied à terre, Jean de Horne fit quelques pas au-devant de lui, en lui tendant la main avec une courtoisie charmante :

— Soyez trois fois le bienvenu en notre bonne ville de Liége, qui vient de vous montrer qu'elle a conservé de vous un bon souvenir. Nous vous remercions d'avoir prouvé, en quittant votre bastille d'Aigremont et en nous faisant cette bonne visite, que toute rancune et tout souvenir de haine sont éteints entre nous. Nous vous demandons, pour nous d'abord et pour nos frères le comte de Horne et le sire de Montigny, un peu de cette bonne et loyale amitié que vous trouverez chez nous.

— Nous avons déjà commencé, quant à nous, fit Montigny avec cordialité; l'hospitalité que j'ai reçue à Aigremont nous a faits frères d'armes, et nous avons en gage d'amitié échangé nos épées.

— Si ma présence ici peut être de quelque utilité au maintien de la paix, dit de la Marck, je prie Votre Altesse de croire que je m'estimerai heureux d'avoir pu y contribuer. De mauvais conseillers ont soulevé jadis la guerre entre nous; aujourd'hui, chacun a besoin de repos pour réparer les désastres de la guerre. Les villes, comme les armures de nos soldats, ont éprouvé des brèches à boucher et des réparations à faire.

Après ces paroles l'évêque lui tendit la main, et tous deux montèrent dans les appartements du palais, où de la Marck fut traité avec une magnificence royale. Les familles proscrites, qui étaient revenues à Liége depuis la paix d'Arras, rendaient le séjour du palais épiscopal fort agréable. Chaque jour amenait de nouveaux plaisirs: chasses, festins, bals, voleries de faucons et courses nocturnes avec le sire de Montigny, qui s'efforçait d'acclimater à Liége et jusque dans le palais de son frère les mœurs débraillées et les plaisirs licencieux, dont l'Italie et la Flandre étaient alors le théâtre. La complaisance de l'évêque pour les débordements de son frère, avait fait murmurer déjà plusieurs fois les Liégeois.

Les passions assoupies chez de la Marck pendant son séjour à Aigremont, s'étaient réveillées par cette obsession et ces tentations de tous les jours. Bientôt il effraya Montigny lui-même par son ardeur aux voluptés cruelles. Le démon de Grivegnée s'était réveillé en lui avec tous ses anciens appétits de sang et de vengeance. Parfois, lorsque le vin, ce diabolique conseiller, le tenait sous sa puissance, son regard avait des éclairs fauves et terribles qui faisaient trembler ses compagnons de débauche. Cette existence, qui convenait si bien à la nature énergique et passionnée de de la Marck, dura trois mois entiers, pendant lesquels on jeta plus d'un cadavre aux flots de la Meuse.

Cette comédie d'amitié se prolongea pendant tout le cours de l'été de 1485, jusqu'au moment de la catastrophe.

La ville de Tongres était alors, avec Maestricht et Liége, l'une des cités où l'évêque exerçait une part de juridiction temporelle et où le peuple, moins bien disposé qu'à Liége pour de la Marck, permettait d'entreprendre quelque trahison contre lui sans danger pour la tranquillité de la ville. Le comte de Horne, le sire de Montigny et ses compagnons de joyeusetés, s'y rassemblèrent donc dans le mois de juin pour y passer quelques jours à la chasse. La veille du départ, de la Marck était occupé à donner ses instructions à son fauconnier, lorsqu'un valet vint lui annoncer qu'Hermann le lansquenet demandait à lui parler.

— Qu'il vienne, fit le comte sans se déranger.

L'attitude du vieux soldat était soucieuse et embarrassée; sa main droite s'occupait à fourbir la poignée de sa dague, tandis que de la gauche il tournait son morion de l'air le plus confus.

— Que me veux-tu, Hermann? dit le comte avec bonté; as-tu été tellement altéré depuis quelques jours, que tu n'as plus un sou de ta paye et que tu viennes me demander un écu pour rafraîchir ton gosier pavé de lave?

— J'ai ouï dire, monseigneur, que vous partiez demain pour Tongres, dit l'Allemand d'un air triste en jetant sur son maître un regard plein de sollicitude.

— C'est vrai, mon fidèle, et puis?

— On m'a assuré aussi que vous partiez avec une foule de cavaliers de la maison de l'évêque, seul ainsi au milieu de ces mécréants qui conspirent votre perte.

— Par ma barbe, Hermann, s'ils conspirent ma perte, ce ne peut être que d'une manière dont tu t'accommoderais fort bien : bals, fêtes, tournois, toujours courant, buvant, festinant, et le reste, voilà les moyens dont se servent ces mécréants pour se débarrasser de moi.

— En Bohême, monseigneur, quand nous voulons prendre un ours, nous plaçons un mouton écorché sur une fosse couverte de légers branchages, et l'ours confiant ne trouve, au lieu d'une proie, qu'un trou où bientôt les épieux et les traits ont bon marché de lui.

— Décidément, Hermann, tu as vidé aujourd'hui quelques pots de trop; ta cervelle se fait vieille et ne peut plus résister aux fumées du vin. Que me racontes-tu avec tes ours, tes moutons et tes trous?

— Depuis notre départ d'Aigremont, je n'ai plus

l'esprit assez tranquille pour pouvoir le noyer au fond d'une cruche de vin, monseigneur. Mais puisque vous me forcez de m'expliquer, souvenez-vous du corbeau d'Aigremont et de son sinistre avertissement.

— Présage terrible, en vérité, Hermann! depuis que nous sommes à Liége, nous marchons de fêtes en fêtes, et sans ta subite conversion, tu aurais pu te dédommager ici de ton séjour à Aigremont, que je t'ai entendu maudire si souvent!

— Je suis Bohême, monseigneur, et mes cheveux gris cachent plus de sagesse que vous n'en soupçonnez sous mon vieux crâne. Or, je vous dis, moi, que j'ai vu cette nuit le corbeau d'Aigremont planer sur votre tête, et votre armure portait au hausse-col une toison d'or sanglante. Auprès de vous se tenait l'évêque Jean de Horne qui semblait vous sourire avec une joie féroce; quant à vous, monseigneur, votre face était pâle, votre barbe souillée de traces de sang. Je me suis éveillé troublé et brisé, et j'aurais peut-être gardé pour moi seul mes terreurs, si je n'avais appris ce matin que vous alliez quitter Liége, où vous comptez de nombreux amis, pour aller séjourner dans une ville toute à la discrétion de l'évêque qui doit vous rendre en haine toute l'affection que ses sujets vous portent.

Le comte resta un moment muet et rêveur, puis,

s'approchant de son vieux serviteur, lui serra la main avec affection.

— Tes craintes sont folles et sans raison, Hermann; quelle raison l'évêque pourrait-il avoir de me nuire? Ne serait-ce pas recommencer une guerre sanglante, lui qui a tant besoin de la paix pour raffermir son pouvoir chancelant? Du reste, pour te prouver que je veux suivre tes avis, je me ferai accompagner par quelques-uns de nos vieux et redoutés sangliers. Et puis, si tu voyais quelque chose qui sentît la trahison, avertis-m'en, et j'aurai bientôt prouvé aux traîtres que ma main sait encore où trouver ma hache ou mon épée.

Le lendemain, l'escorte du comte de la Marck, à laquelle s'étaient joints un grand nombre d'hommes d'armes épiscopaux et une foule de seigneurs partisans de l'évêque, partit pour Tongres, où le sire de Montigny devait trouver son frère le comte de Horne.

L'adroit et retors Montigny avait su, pendant le séjour du comte à Liége, s'emparer si bien de l'esprit de de la Marck en jetant à ses passions l'appât qui leur convenait, que bientôt le Sanglier ne jura plus que par son féal ami de Montigny et marcha les yeux fermés vers le piége qu'on lui avait préparé de longue main.

Le 20 juin, l'évêque, pour amuser et distraire ses hôtes et fournir à ses frères l'occasion de montrer leur adresse, donna une passe d'armes à laquelle se rendirent presque tous les chevaliers et les gentilshommes du pays de Liége et du Limbourg. D'Aremberg et le sire de Montigny se déclarèrent *tènants* de la barrière contre tous venants, et il fut *merveilleusement ouvré en fait d'armes* en ce jour, dit le chroniqueur auquel nous empruntons notre simple, mais fidèle narration.

Après la passe d'armes où l'on brisa quelques morions et faussa maintes cuirasses, il y eut un grand banquet dans lequel de la Marck festoya longuement les vins exquis qui foisonnaient sur la table de l'évêque. Vers la fin du banquet, un jongleur vint demander de pouvoir égayer l'assemblée par quelques virelais.

— Qu'il vienne, dit Montigny, déjà à moitié ivre, et s'il nous amuse, il n'aura pas à se plaindre.

— Quand ces braillards fainéants venaient me demander l'hospitalité, dit d'Aremberg, j'ai toujours eu à me plaindre d'eux; ils savaient si bien monter la tête à mes soldats, qu'il y avait pendant leur séjour toujours quelque noise et quelque rouge entaille au pourpoint de mes ribauds.

— Aucuns d'entre eux savent de gais et joyeux lais d'amour et de buverie, nous ne lui demanderons que cela.

Bien que les trouvères et les ménestrels ne

fussent plus aussi nombreux au XVe siècle, et que leur influence fût de beaucoup déchue, surtout en France, l'Allemagne et la Belgique comptaient encore beaucoup de *minnesingers*, dont la hardiesse de pensée avait fait trembler maintefois plus d'un insolent baron et arrêté plus d'un puissant prince dans une injuste entreprise. Ces héritiers de Bertrand de Born tenaient toujours avec la même fierté le sceptre de l'opinion, flagellant dans leurs vers naïfs et énergiques les crimes et les ridicules, au risque de n'avoir pour toute récompense qu'une hart bien solide accrochée à quelque bon gibet seigneurial. Chéris du peuple dont ils traduisaient les plaintes et les espérances, ils trouvaient partout l'hospitalité de la chaumière et des cœurs simples et fidèles, qui les vénéraient avec une admiration naïve. Le *minnesinger* entra donc dans la salle du festin au moment où les têtes, fouettées par l'aiguillon du vin, étaient autant de volcans d'où jaillissaient des paroles étranges, folles, impies et atroces.

— Holà! compagnon, peux-tu nous chanter le *dict* du Renard, ou celui du Moine amoureux, ou quelque bonne et gaie légende.

— De pareilles matières ne conviennent pas aux oreilles qui nous écoutent, et j'aurais trop de crainte de blesser le respect dû à Son Altesse l'évêque. Je vous chanterai, s'il vous plaît, la mort de Roland à

Roncevaux, où la trahison du traître Ganelon le fit succomber pitoyablement.

— Tu n'es qu'un âne bâté, dit Montigny, tu ignores les plus belles parties de ton art. Chante-nous donc ce que tu voudras, et surtout garde-toi de nous endormir.

Le *minnesinger* commença son virelai auquel deux personnes seulement prirent attention. D'Aremberg remarqua que le chanteur fixait son regard sur le sien quand il prononçait le nom de Roland, et le reportait avec une affectation marquée sur Montigny quand il déroulait les trahisons et les noires menées de Ganelon. L'évêque n'était occupé qu'à remplir le hanap de d'Aremberg, qui le vidait machinalement sans paraître avoir conscience de ce qu'il faisait.

— Que le mal St-Antoine arde ton Ganelon et ton Roland, dit Montigny, que l'intention du ménestrel avait visiblement troublé; tu n'es bon qu'à endormir des moines après boire. Ta chanson n'a ni gaieté, ni intérêt.

— Que Votre Noblesse me pardonne, dit le ménestrel en reposant son regard sur d'Aremberg; elle prouve que ni force, ni vaillance, ni aucune arme, si bien trempée qu'elle soit, ne peuvent prévaloir contre les armes cachées et empoisonnées de la trahison, et que si Roland, le fameux paladin, succomba par les œuvres d'un traître, il n'est personne qui puisse se croire assez fort pour lutter contre les ennemis qui sortent de l'ombre au moment où la main et l'épée reposent sur la foi d'une fausse et déloyale amitié.

D'Aremberg avait pâli ; sa main s'était portée machinalement à sa dague, et son regard semblait interroger le moindre geste suspect pour la planter droit au cœur de Montigny et de l'évêque. Soit que ce fût une révélation de son bon ange, soit une de ces éclaircies lumineuses qui déchirent par moments le voile de brume que l'ivresse jette sur la pensée, une sombre défiance parut s'emparer de lui, et repoussant du geste son verre que l'évêque lui présentait avec une joyeuse invitation, il appela à lui le chanteur.

— Viens çà que je te paye la belle chanson, compagnon; tiens, prends cette chaîne, et ajoute à ta chanson que si Roland n'avait eu à combattre qu'une poignée de damoiseaux vêtus de soie dans laquelle la lame d'une dague se fraie un facile passage, il ne fût pas resté couché sous les roches de Roncevaux. Et maintenant prends ce hanap d'argent, vide le vin, et garde le métal pour les mauvais jours où ta chanson de Roland ne te rapportera rien.

Le menestrel s'inclina et sortit, non sans avoir jeté un profond et significatif regard sur le comte. Au détour d'une rue, le *minnesinger* fut vivement accosté par Hermann le lansquenet.

— Eh bien! fit le soldat.

— Tu peux voir à cette chaîne qu'il m'a compris, fit le chanteur. Toutefois, je crains qu'une coupe de ce vin ensorcelé ne lui rende sa dangereuse confiance.

— Que Dieu te donne une mort de chrétien, dit Hermann; mais chaque moment qui s'écoule augmente mes craintes. Il vient d'arriver une compagnie de deux cents cranequiniers. Puis tout est en mouvement autour du palais de l'évêque. Mort de ma vie! s'il tombe un seul poil de la barbe de mon maître, je jure d'éventrer jusqu'au dernier de cette race damnée de l'évêque! Aussi bien, je commence à croire que nous sommes tombés dans un guêpier d'enfer. Les soldats de l'évêché nous regardent d'un air qui ne présage rien de bon. Et pas moyen d'avertir ouvertement le comte! Sa violence le perdrait; il poignarderait quelqu'un de ces muguets, peut-être bien l'évêque, et nous n'en serions pas plus avancés. Il faudrait tâcher de nous tirer d'ici sans éveiller les soupçons; le tenter par la force serait nous mettre sur les bras trois cents hommes d'armes et une population entière. Oh! pourquoi le comte ne m'a-t-il pas voulu comprendre!

Le départ du ménestrel et l'impression qu'il avait laissée aux convives de l'évêque, avaient refroidi l'élan de joyeuse gaieté qui animait les convives. De la

Marck, les coudes appuyés sur la table, promenait ses yeux sur tout ce qui l'entourait; une rage implacable et sauvage semblait couver en lui et n'attendre pour éclater qu'un mot ou qu'un geste. En ce moment, il ressemblait à l'animal qu'il avait pris pour blason vivant, tant son air était féroce et hagard.

— Que la fièvre quartaine serre le ribaud qui est venu jeter des nuages sur notre joie, dit Montigny ; nous voici tout rêveurs et tout ennuyés comme moines à matines d'hiver! Or çà, une dernière santé à notre bonne amitié, messeigneurs, et puisse le premier qui la rompra, avoir le mal des ardents et du vin aigri pour apaiser sa soif.

D'Aremberg leva son hanap; mais en voyant tant de gaicté et d'abandon sur les fronts qui l'entouraient, il rougit de ses soupçons et vida sa coupe d'un seul trait.

En ce moment un valet entrait dans la salle, portant dans ses bras une grande cassette de bois précieux qu'il posa devant l'évêque.

— Mon cousin, dit l'évêque en posant la main sur le couvercle, nous avons voulu vous prouver notre amitié en vous traitant comme un frère, en vous appelant à tous nos plasirs, à tous nos déduits. Nous voulons aujourd'hui vous prier d'accepter un cadeau de notre main et qui ne messiérait pas aux épaules d'un roi. — En disant ces paroles, l'évêque tira de la cassette une robe de brocart de soie pourpre damassée d'or, qu'il déploya aux yeux de l'asssemblée émerveillée d'un présent vraiment aussi royal. — Venez çà, vaillant et beau cousin, que nous vous présentions notre gage d'amitié nous-même.

Le comte, confus des soupçons que l'envoyé d'Hermann avait réussi à faire naître en lui, s'approcha de l'évêque qui lui passa la robe avec une gracieuse courtoisie.

— Et maintenant que voici la paix rétablie entre nous, dit Montigny à d'Aremberg en lui prenant la main, allons nous ébaudir un peu et essayer votre cheval dont vous vous montrez si fier. Je gage cent écus d'or que vous ne me devancez pas à la course dans l'espace d'une lieue!

— On voit bien, cousin, que vous n'avez qu'à retrousser les manches de votre pourpoint pour puiser dans l'escarcelle épiscopale, dit d'Aremberg avec un sourire ironique. Toutefois, j'accepte votre défi; mais où l'exécuter? La route de Tongres à Liége n'est guère favorable. Il y a de quoi rompre vingt fois les os à un chrétien et à un cheval avant d'être parvenu au terme.

— Aussi n'est-ce pas cet abominable chemin aussi rude et malaisé que celui du paradis qu'il faut choisir, cousin; celui de Tongres à Maestricht est beau, facile et bien entretenu, grâce aux corvées des manants de notre honoré frère.

Tous les convives sortirent de la salle pour s'apprêter à assister à cette course qui devait offrir le plus vif intérêt. Le cheval du comte de-la Marck, auquel Montigny avait fait allusion, était un superbe et vigoureux animal donné au comte par le roi Louis XI, le prince le plus magnifique de la chrétienté, alors qu'il s'agissait de s'attacher un partisan ou de gagner un ennemi. De la Marck était réputé en même temps pour un des plus intrépides cavaliers de son temps. Hermann amena bientôt le coursier de son maître, dont les fières allures et l'apparence vigoureuse présageaient la défaite de Montigny. Le vieux soudard tenait aussi l'épée de son maître, lourde et massive, véritable estoc de bataille. Il la présenta au comte d'un air morne et résigné.

— Et que veux-tu que je fasse de ceci, Hermann? dit le comte en repoussant l'arme qui portait maintes entailles profondes sur la garde. Dans une course à cheval, une épée est une chose nuisible et inutile, qui ne sert qu'à embarrasser le cavalier et à effrayer sa monture. Remporte cela, ou, si tu veux me suivre, tu me la garderas pour après la course.

Le vieux lansquenet reprit l'épée sans mot dire, alla prendre son cheval qu'il enfourcha en murmurant : — C'était sa destinée, et le corbeau d'Aigremont avait raison !

Les cavaliers étaient parvenus à la porte de Tongres, où, tandis qu'on discutait les conditions de la course, l'évêque et son frère, le comte de Horne, prirent les devants pour pouvoir juger de l'arrivée et s'assurer si quelque obstacle ne se trouvait pas sur la route.

Au bout d'un quart d'heure, toutes les dispositions étant prises et les adversaires prêts à partir au premier signal, Hermann s'approcha du comte sous prétexte d'arranger quelque courroie à son cheval et lui glissa ces mots à l'oreille :

— Tournez bride et passons sur le ventre à ces Judas ; une fois hors de Tongres, tout est sauvé !

De la Marck haussa les épaules, et, tournant la tête vers le sire de Ravenstein qui devait donner le signal, s'écria qu'il était prêt.

— Alors, garde à vous, messeigneurs, dit Ravenstein, et partez au signal de ce coup de mousqueton. Puis, élevant en l'air un énorme pistolet, il cria une dernière fois : A la garde de Dieu, messires ! et il fit feu.

Un nuage de poussière qui s'éleva soudain empêcha, pendant quelque temps, d'apercevoir les deux cavaliers qui surgirent du tourbillon poudreux deux cents pas plus loin et courant côte à côte, penchés sur le col de leurs montures qui semblaient dévorer l'espace. Tous les regards les suivirent jusqu'à ce que la route, faisant brusquement un coude, les dérobât à tous les yeux.

Cependant, le comte de la Marck gagnait insensiblement du terrain sur son adversaire par la supériorité de son cheval qui franchissait, rapide comme la pensée, la route qui semblait fuir sous ses quatre pieds agiles. Bientôt le comte se trouva seul : la voie était déserte; seulement, derrière lui s'élevait un petit nuage de poussière qui indiquait tout le terrain qu'avait perdu son concurrent.

A cette époque, la route de Tongres à Maestricht n'était autre chose qu'un grand sentier pratiqué à travers des bouquets de bois épais qui se succédaient à de courts intervalles jusqu'à Maestricht. La route serpentait pour ainsi dire entre deux rideaux de verdure sombre et touffue. D'Aremberg arrêta brusquement son cheval pour jeter un coup d'œil devant lui, afin de voir s'il n'apercevait pas encore le terme de la course où devaient se trouver l'évêque et son frère, le comte de Hornes; il interrogea vainement l'horizon, rien ne se montra. Un vague pressentiment le saisit; il porta la main à sa ceinture afin de s'assurer si sa dague ne tenait pas trop au fourreau; puis jetant un coup d'œil sur son bon cheval qui fumait, il allait reprendre sa course, lorsqu'un bruit qui se fit entendre dans le feuillage lui fit détourner la tête... Vingt arbalétriers le couchaient en joue. Au même instant, le taillis s'ouvrit devant lui, et cinquante arquebusiers la mèche allumée, ayant à leur tête le comte de Horne, lui coupèrent la route qui s'étendait devant lui.

De la Marck jeta un rapide coup d'œil autour de lui, qui lui fit comprendre tout ce que sa situation avait de désespéré. Sa barbe se hérissa ; ses lèvres pâles, ses yeux sanglants témoignaient que l'orage allait éclater. Les archers et les arquebusiers, muets et immobiles, tenaient toujours leurs armes dirigées sur sa poitrine qui n'était défendue que par un simple pourpoint de soie. Le comte de Horne, l'épée au poing, en proie à une émotion qui le faisait trembler, suivait de l'œil tous les mouvements de de la Marck, qui, semblable à un vrai sanglier cerné par une meute acharnée, tourne lentement dans ce cercle de mort pour chercher par où il pourra le rompre. C'était un moment suprême. Tout à coup, un cavalier poudreux perce les arbalétriers en s'écriant d'une voix haletante :

— Eh bien, le marcassin est-il pris !

De la Marck rugit comme un tigre blessé, et, rapide comme l'éclair, se précipite sur le cavalier qui n'était autre que Montigny, et avant que celui-ci eût pu prévenir son dessein, le frappa en pleine poitrine d'un si furieux coup de dague, que l'arme se brisa avec un son clair, tandis que Montigny allait mesurer la terre de toute sa taille.

— Tu n'avais pas compté sur ma bonne cotte de mailles doublée de buffle, cousin, dit Montigny d'un air ironique ; mais, pardieu, puisque nous te tenons enfin là où nous te désirons depuis longtemps, il faut bien payer cette joie par quelque peine. — Puis, s'adressant aux archers qui paraissaient indécis : — Qu'on le lie sur son cheval, et au premier geste de rebellion, logez-lui vingt balles dans sa cervelle de maudit.

La résistance devenait inutile ; de la Marck se soumit sans plus essayer d'une lutte sans bons résultats. Ignorant encore ce qu'on voulait de lui, il ne voulait pas courir au-devant d'une mort certaine. Cependant, il s'approcha des deux frères de Horne ; puis, après les avoir contemplés avec un mortel mépris, il leur cracha à la figure.

— Vous êtes les pairs de Judas l'apôtre qui baisa son maître sur la bouche avant de le livrer ! Gentilshommes sans cœur ni loyauté, donnez-moi des armes, et si dans un instant je ne vous tiens pas tous deux sous la poussière de mon pied, je consens à mourir comme un truand au bout d'une corde ! Soldats, dit-il aux archers qui l'entouraient, en quelque lieu que vous voyiez la bannière des Horne, souvenez-vous que c'est celle des lâches et des traîtres, à qui il ne faut rien moins qu'une armée pour s'emparer d'un homme !

— Tu avais donc cru que le meurtrier de Grivegnée demeurerait impuni et que le sang de Louis de Bourbon resterait sans vengeance ? dit Montigny avec un infernal sourire. Tu as pu braver la justice humaine tant que tu étais à l'abri de tes murailles et défendu par ta légion de brigands et de maudits ; mais quand on ne peut tuer le sanglier dans son fort, on le relance dans la plaine où l'on en a bon marché comme tu vois ! Ton insolente fortune aurait dû t'avertir de ta fin. Tu as forcé la ville de Liége à épuiser pour toi ses trésors, à te donner ses plus belles châtellenies ; tu y as régné pendant deux ans comme un détrousseur de gens, jetant aux flots de la Meuse ou au fer de tes truands tout ce qui ne s'abaissait pas devant toi, et tu as pensé que Satan te protégerait jusqu'au bout ! Ah ! ah ! ah !

— Vous êtes des lâches, cria de la Marck d'une voix sourde, et mon sang barbouillera votre blason déshonoré d'une tache ineffaçable. Maintenant, hâtez-vous de livrer jusque dans les siècles à venir mon cou au bourreau, car, par ma barbe, vous m'avez fait prendre la vie et les hommes en dégoût !

Les arquebusiers s'approchèrent du comte avec un visible sentiment de respect pour une aussi grande infortune, et, l'ayant lié sur son cheval, lui couvrirent la tête d'un grand chapeau clabaud qui empêchait de distinguer ses traits; puis quittant la grand'route, ils prirent des sentiers détournés et arrivèrent le soir à Maestricht où l'évêque Jean de Horne avait fait faire tous les préparatifs pour recevoir son prisonnier.

On conduisit de la Marck au palais épiscopal où il fut gardé à vue par les hommes de l'évêque et quelques bourgeois armés de la ville. L'évêque employa une partie de la nuit à réunir un simulacre de tribunal devant lequel on amena le prisonnier. Le matin venu, on fut obligé d'éveiller de la Marck en lui disant que ses juges l'attendaient.

— Mes juges, dit-il avec un amer sourire, ils sont inutiles, il n'y avait besoin que de mander le bourreau. — Cependant il se leva bientôt et suivit son geôlier qui le conduisit dans la chambre de l'évêque.

Jean de Horne était assis sur un fauteuil élevé, entouré de quelques échevins, du mayeur de Maestricht; un greffier se tenait auprès de l'évêque, prêt à enregistrer les réponses du comte. Celui-ci, après avoir promené un fier regard sur toute cette jugerie affamée de son sang, se jeta dans le siége qu'on lui avait préparé.

— Guillaume d'Aremberg Lumey de la Marck, vous êtes accusé d'abord d'avoir traîtreusement assassiné le 30 août 1482, au moulin de Wez près de Grivegnée, votre seigneur et bienfaiteur Louis de Bourbon, évêque de Liége ; ensuite, d'avoir méchamment pillé, désolé et tyrannisé notre bonne ville de Liége, dont vous vous étiez fait nommer mambour par violence ; et finalement d'avoir rompu la paix jurée à Arras, en faisant faire des courses et piller des moutiers sur les terres de Brabant. Qu'avez-vous à répondre ?

— Rien, sinon que vous terminiez au plus tôt votre infâme comédie, dit de la Marck ; chaque fois qu'il m'est arrivé de vouloir faire pendre quelqu'un, il ne m'est jamais arrivé de m'amuser à le juger.

L'évêque se tourna tranquillement vers le greffier : Ecrivez que l'accusé ci-présent devant nous confesse ses crimes et qu'il a hâte de voir arriver le moment de l'expiation. — Puis s'adressant aux archers qui gardaient le comte : Emmenez le prisonnier, leur dit-il, jusqu'à ce que nous ayons pourvu à sa sentence.

D'Aremberg suivit ses gardes avec une douceur et une résignation étonnantes, il ne se faisait plus illusion sur son sort.

— Pourvu qu'ils aient bientôt fini, dit-il à un des officiers de l'évêque, car après une journée aussi remplie il est permis de prendre un peu de repos. — Puis, comme repassant ses souvenirs, il continua avec une gaie insouciance : — Ce matin, passe d'armes, puis banquet, course à cheval, toutes les joies ; ce soir, pour clore une journée si bien commencée, des juges, et demain un billot et un bourreau !

Une demi-heure se passa ainsi dans l'attente. On entendit la voix de l'évêque qui semblait parler avec beaucoup de feu ; peu d'instants après, la porte s'ouvrit et le greffier fit signe aux soldats d'amener le prisonnier.

Lorsque de la Marck rentra dans la salle de justice, l'évêque était pâle et agité et son regard semblait fuir celui de sa victime. Les échevins paraissaient confus et embarrassés. Enfin, le greffier lut au prisonnier une longue et obscure sentence qui se terminait par la condamnation à mort du prisonnier, qu'on avertissait de se préparer pour le lendemain au lever du soleil. Après cette lecture, l'évêque demanda au prisonnier s'il n'avait rien à dire, rien à demander.

— J'ai à dire, répondit de la Marck, que j'ai commis bien des fautes, bien des crimes dans ma vie de soldat, mais je les crois suffisamment expiés par l'horrible mort que vous me préparez. J'ai à vous dire encore, que mon sang que vous allez verser avec tant de mépris en ce moment, pèsera lourdement sur votre lit de mort, sire de Horne, et sur vos consciences, messires, fit-il en s'adressant aux juges tremblants. Quant à mes désirs, dans ma position, le seul qu'on doive former, c'est que le bourreau soit adroit et que la hache coupe bien !

Sur la place d'Armes à Maestricht, à l'endroit où se trouve aujourd'hui l'hôtel du Casque, s'élevait alors l'échafaud justicier de l'évêque. C'était un grand pilori en pierre bleue, au bas duquel se trouvait le billot destiné pour les exécutions. Le tout était surmonté des armoiries de l'évêque et de la ville de Liége. Six ou huit marches conduisaient à cet échafaud que l'on pouvait apercevoir du palais épiscopal.

A cinq heures du matin, les archers vinrent chercher de la Marck pour le conduire au lieu de l'exécution et furent fort étonnés de le trouver profondément endormi. Il reçut fort docilement ces messagers de mort, fit peigner sa longue barbe dont il avait toujours le plus grand soin et par laquelle il était habitué à jurer. Le barbier chargé de ce soin avait terminé son ouvrage, lorsqu'entra un colosse vêtu d'un pourpoint de buffle, qui demanda rudement à de la Marck s'il comptait conserver sa barbe.

— Et que cela te peut-il faire, manant? dit le comte avec fierté.

— C'est que, voyez-vous, monseigneur, cela peut nuire à ma réputation, faire dévier le coutelas, et que je serais fâché qu'il vous arrivât malheur!

—Ah! je comprends alors; ceci est de ton ressort! Cependant, si la chose pouvait se faire sans couper ma barbe, cette vieille bannière qui a fait fuir tant

de fois les Bourguignons et les limiers de l'évêque!
— Qu'en penses-tu, l'ami?

— Si Votre Seigneurie veut me promettre de la tenir entre les dents pendant l'exécution, tout pourra s'arranger, dit l'homme.

— Parbleu! ton idée est bonne, fit le comte; et, rassemblant le vaste éventail qui lui couvrait la poitrine, il le serra de manière à le tenir dans sa bouche.

— C'est cela, dit l'homme; maintenant, partons.

— Encore un mot, reprit le comte. Les vêtements des condamnés t'appartiennent. Or, par une raison particulière, je ne veux pas qu'on me sépare de cette robe de damas rouge, c'est un dernier cadeau de l'évêque, il m'a lui-même ce matin, passé ce sanglant linceul. Jure-moi de me le conserver, voici trois écus d'or pour te dédommager.

Le bourreau jura sur ses enfants, et le prisonnier se mit en route. Une mer de têtes ondulait sur le *Vrythof*, et de cet océan d'hommes pas un seul bruit ne s'élevait. Le soleil jetait ses joyeux et frais rayons du matin sur l'échafaud au-dessus duquel des volées d'oiseaux passaient en jetant à l'air leurs cris joyeux. Bientôt on vit s'ouvrir le balcon du palais épiscopal et apparaître l'évêque et ses deux frères, tous pâles comme des damnés. Un sourd murmure du peuple fit justice de cette dernière lâcheté. Un moment après, la foule s'ouvrit devant les hallebardes des archers et de la Marck parut, la tête haute, couvrant la foule d'un long et suprême regard. Il gravit lentement les degrés de l'échafaud, et regarda tous les apprêts de sa mort avec le plus grand calme. Puis, s'étant tourné vers le palais, son œil rayonna d'une sauvage haine; les trois de Horne étaient là, épiant sa dernière heure et savourant les angoisses de leur ennemi. Le peuple entier comprit ce qui se passait dans l'âme du condamné, et se mit à huer l'évêque qui resta impassible, ne voulant perdre sans doute aucune des émotions du supplice du comte. Enfin, celui-ci fit retomber sa robe sur ses épaules, rassembla sa barbe dans sa bouche et posa la tête sur le billot.

En ce moment, une volée de corbeaux se détacha des tours de Saint-Servais et vint jeter ses lugubres croassements sur la foule.

Le comte leva la tête, suivit de l'œil quelque temps ces noirs hérauts de mort, puis replaça la tête sur le billot, qui bientôt retentit d'un coup si terrible, que la tête, sautant de l'échafaud, alla bondir dans la foule, qui s'ouvrit devant elle avec un cri d'horreur. Le bourreau alla la ramasser; les dents contractées serraient la longue barbe avec une telle force, qu'on ne put la retirer de la bouche.

En revenant de Maestricht à Liége, à la suite de

cette belle expédition, l'évêque et ses deux frères cheminaient tranquillement, lorsqu'un coup d'arquebuse se fit entendre et une balle enleva le bord du bonnet de velours du sire de Montigny. Auprès de Herstal, une seconde balle vint tuer un officier de l'évêque qui marchait à ses côtés. Les paysans affirmèrent avoir vu se sauver un homme que Montigny reconnut devoir être Hermann le lansquenet.

On ignora pendant longtemps le lieu de la sépulture de Guillaume de la Marck — le Sanglier des Ardennes — lorsqu'au XVIIe siècle, en faisant des réparations dans l'église des Dominicains à Maestricht, on découvrit un cercueil de plomb renfermant un cadavre vêtu d'une robe de brocart rouge; la tête séparée du corps était reconnaissable à la proéminence des os maxillaires et à la longueur de la barbe qui remplissait toute la capacité de la bouche.

Nous avons en notre possession un morceau de cette robe de brocart rouge donnée par l'évêque au *Sanglier des Ardennes;* cette robe, qui devint son linceul, a été partagée entre plusieurs personnes et transmise précieusement de père en fils. C'est de l'un de ces descendants que nous tenons les renseignements authentiques que nous venons de donner, et qui sont extraits d'un manuscrit presque contemporain de la mort de cet homme extraordinaire, dont la fin fut une sanglante expiation, mais sera une éternelle souillure au nom des de Horne.

UN COLABORATEUR INCONNU.

On n'a jamais recherché la cause de cette croyance que nous accordons aux faits, aux traditions surnaturelles qui datent d'un siècle ou deux, tandis que, d'autre part, on accueille avec le scepticisme le plus complet, des faits qui se sont accomplis sous nos yeux et dont les circonstances échappent complétement aux lois de l'ordre moral et matériel. Il semble que le fantastique ait besoin d'être enveloppé des ombres du passé pour arriver jusqu'à nous, et que les lueurs de notre dédaigneuse philosophie aient été l'aurore à l'aspect de laquelle devaient s'évanouir toutes ces choses inouïes, bizarres ou mystérieuses qui sont du domaine du fantastique.

Le lieu dans lequel s'accomplit un de ces faits qui heurtent toutes nos idées acquises et échappent aux explications de notre présomptueuse science, n'est pas sans influence sur le degré de foi que nous accordons aux légendes des temps qui ne sont plus. Sous les sombres chênes des forêts de la Franconie, sur les cimes stériles et rocheuses du Hartz, qui semblent porter l'empreinte de quelque gigantesque orgie — dans le demi-jour des vallées de l'Écosse, dormant sous l'ombre des bouleaux et des houx — l'esprit accueille, avec une foi sérieuse et profonde, toutes ces merveilleuses légendes qui, dans l'enceinte bruyante d'une grande ville, n'amèneraient sur les lèvres qu'un sourire d'incrédulité et de dédain.

On croira donc ce qu'on voudra, de l'aventure que nous allons raconter, et dont nous avons vu le héros dans une visite que nous fîmes à l'hospice des aliénés de Cologne, il y a quelques années.

I

En 1832, se trouvait à l'université de Heidelberg un jeune homme issu d'une de ces familles nobles d'Allemagne qui s'efforcent en vain de cacher leur fière misère sous le voile troué d'un luxe menteur. Le père d'Ulric R... était le type de ces vieux barons souabes élevés dans un profond respect pour l'antiquité de leur race et dans la haine de l'étranger. Il avait pris part à ce glorieux réveil de l'Allemagne dont Théodore Kœrner fut le sublime Tyrtée. Puis, la paix venue, il s'était retiré dans son manoir franconien et avait tressailli de joie à la vue de son fils Ulric, dont le souvenir lui était apparu si souvent au milieu des luttes héroïques de l'Allemagne de 1813 à 1815.

L'éducation d'Ulric avait été simple et austère. Il avait appris à lire dans un livre, le plus beau, le plus grand qui ait jamais été offert aux méditations des hommes. La Bible — ce magnifique trésor de sagesse et de poésie — avait donné à l'esprit du jeune Ulric un caractère de grandeur et d'indicible rêverie, que la solitude n'avait fait qu'augmenter. Plus tard, l'étude des poëtes tels que Gœthe, Byron, Shelley, Jean-Paul, vinrent accroître encore cette mélancolie farouche; et, à l'âge où tout sourit à ceux qui commencent la vie, où le cœur rayonne, où tous les espoirs dorés éclosent dans l'âme, Ulric sentait déjà pencher son front, comme si le malheur l'eût touché de sa main de fer.

C'est à l'influence de cette triste littérature, de cette sombre poésie, qui n'avait pour cordes à sa lyre que le doute, le désespoir et la révolte contre Dieu, — c'est à ces cris de Titans foudroyés, qui retentissaient dans les œuvres des poëtes, il y a vingt ans,— qu'il faut attribuer ces tristes maladies de l'âme, ces nostalgies morales qui ont fait tant de victimes en France et en Allemagne. L'Allemagne surtout, cette terre où fleurissent les belles fleurs d'azur de l'idéal et où les chants des poëtes ressemblent aux sons magnétiques et nerveux des harpes éoliennes, a vu bien de ses enfants tomber sous ce souffle maudit, qui desséchait toutes les espérances, flétrissait toutes les croyances et toutes les amours. Les ravages ont été là plus profonds que partout ailleurs... La pente et la nature de l'esprit germanique, l'aspect de son sol, couvert de ruines d'où semblent sortir les voix du passé, ses forêts séculaires et mystérieuses dont les échos s'éveillent parfois sous les fanfares des comtes palatins et des chasseurs maudits — jusqu'à ce vieux Rhin, antique témoin des grandes épopées germaniques — tout, enfin, augmentait cette soif de l'inconnu, cette aspiration vers l'infini, qui a fait tant de victimes et entraîné tant de jeunes intelligences vers le gouffre au fond duquel le démon du désespoir et du suicide sourit à sa proie.

Ulric était donc atteint de ce mal étrange, que la moquerie française a réussi à guérir par le ridicule, et que Gœthe lui-même a combattu, après avoir été l'un de ces empoisonneurs d'âmes dont il raillait plus tard les souffrances. Chez Ulric, une énervante et sombre rêverie avait fini par dominer toutes les facultés de l'esprit, qui s'alanguissaient chaque jour, comme un arbre vigoureux attaqué au cœur par un insecte malfaisant.

Pour bien apprécier tous les ravages qui s'étaient faits dans l'esprit d'Ulric, il faut comprendre l'influence de la nature au sein de laquelle il vivait. Ces grands bois de la Franconie, tout peuplés de traditions, et dans lesquels il promenait ses rêves, avaient fini peu à peu par l'arracher aux réalités de la vie. Son existence était devenue une sorte de somnambulisme moral, premier pas vers la chute profonde dans laquelle sa raison devait se briser un jour.

Le père d'Ulric, homme d'action, de vie positive et de réalité, ne pouvait comprendre l'état moral de son fils ; non qu'il fût sourd aux choses poétiques, mais sa poésie, à lui, résidait dans les faits qu'il avait vus s'accomplir sous ses yeux. Les gigantesques luttes contre Napoléon, auxquelles il avait pris part, lui semblaient alors autant d'épopées qui rejetaient dans l'ombre les grandes guerres carlovingiennes. Cet homme de batailles, cet intrépide compagnon du poëte Kœrner, qui, lorsque sonnait la charge des chasseurs noirs de Lutzow, demandait ses inspirations à son sabre, ne comprenait rien aux rêveries qui dévoraient son fils. A ses yeux, les grands poëtes étaient les hommes d'action, tels que Tilly, Wallenstein, Cortez, Pizarre, Ziska, et autres natures d'élite, écrivant de leurs épées leurs noms immortels dans les annales des nations.

Le seul point par lequel Ulric tenait encore à

la réalité, c'était un désir effréné, immense, d'égaler un de ces princes de l'intelligence et de la poésie dont il ne pouvait ouïr les noms qu'avec une admiration mêlée d'envie. Il eût donné sans peine toutes les fleurs de sa jeunesse, toutes les pures émotions de son cœur, la limpidité de son front, pour la gloire et le front sillonné de Schiller, de Byron, de Gœthe, de Klopstock. La renommée littéraire dominait à ses yeux toutes les autres. Il frémissait de bonheur à la pensée de voir un jour entourer son nom de cette auréole de gloire dont l'éclat éclipsait à ses yeux tous les bonheurs de la terre.

Quoique à peine arrivé à l'âge où d'autres amassent par l'étude les matériaux futurs que l'intelligence ordonnera un jour en monuments de science, d'art ou de poésie, Ulric, dévoré de la fièvre de la renommée, s'était déjà exercé sur plusieurs sujets qui trahissaient ses préférences et ses sympathies poétiques. En lisant Byron ou Schiller, il lui semblait sentir en son cœur cette impatience du cheval de Job au bruit des clairons. Comme le coursier biblique, il se disait : *Allons!* et son regard s'enflammait à la voix de ses poëtes de prédilection. Il y avait dans cette jeune intelligence une lutte sans trêve. Il sentait par moments s'élever en lui de grandes pensées, mais qui retombaient dans les ténèbres sitôt qu'il voulait les réaliser et les fixer dans un cadre quelconque. Les yeux tournés vers un idéal de poésie, qui se révélait à lui comme une échappée de lumière à travers une trouée de nuages, il s'efforçait d'atteindre à ces divines régions, et au moment où il en touchait le seuil, il retombait écrasé sous le sentiment d'une cruelle impuissance. Une plus longue lutte eût suffi à briser l'esprit le plus viril, et celui d'Ulric devait succomber à la suite d'une aventure qui lui arriva à Heidelberg, et que nous allons raconter.

La fortune du père d'Ulric s'était cruellement délabrée pendant les longues guerres de l'Allemagne contre la France. Réduit à un mince patrimoine et à une modique pension, le baron se dit un jour qu'il était temps d'arracher son fils à la vie contemplative qui minait tous les ressorts de son âme. Il lui donna donc connaissance de l'état de sa fortune et lui fit comprendre que la paix dont jouissait l'Europe allait ouvrir à la jeune génération une foule de carrières dignes des plus hautes ambitions.

— Le règne de l'épée est fini, mon fils, dit le vieux baron, et le sabre des chasseurs noirs de Lutzow ne réfléchira plus, de longtemps, les éclairs des batailles! Tu es jeune, Ulric, tu es beau, et ton front rayonne d'avenir! Je t'ai fait connaître ce qui te restait de la fortune de tes pères. Un manoir en ruines sur lequel planent les corbeaux comme s'ils pressentaient qu'ils en prendront bientôt possession, voilà tout l'héritage que j'ai à te léguer. Nous sommes une race fière et dévouée, habituée à vendre un domaine à chaque guerre qui a menacé l'Allemagne. Du haut des tours de ce château, ton regard peut embrasser les possessions sur lesquelles nos aïeux voyaient flotter leur bannière ; mais à chacune de nos luttes nationales, le cercle s'est rétréci. Nous avons donné à la patrie notre or et notre sang comme des enfants loyaux et fidèles. Aujourd'hui, il ne nous reste rien, et je pressens, Ulric, qu'il te faudra être l'artisan de ta fortune et reconquérir par l'intelligence ce que tes pères ont perdu par la guerre. J'ai donc songé à t'envoyer à Heidelberg, où tu pourras compléter tes études en attendant que tes ailes soient assez fortes pour te porter vers le sommet que tu auras choisi.

Cette détermination du vieux baron souriait trop au jeune homme pour qu'il eût la moindre observation à y faire. Elle réalisait un de ses rêves chéris. Il allait se trouver avec les sommités de l'art, de la science et de la pensée ; il allait trouver de nouvelles sources à son ardente soif de savoir, et vivre côte à côte avec ces soleils de poésie qui faisaient à l'Allemagne une si belle auréole de gloire. Il allait enfin pouvoir réaliser et jeter dans le cadre d'une œuvre immortelle les grandes pensées qui tourmentaient son âme comme la lave d'un volcan dont on a comblé le cratère.

Riche de quelques cents florins et de toutes ces fraîches espérances qui enfleurissent la montée de la vie, Ulric arriva à Heidelberg muni d'une lettre d'introduction pour le fils d'un ami de son père, — jeune homme de son âge et qui devait être son compagnon d'études.

Il était nuit lorsque Ulric, suivi d'un domestique qui portait son mince bagage, s'arrêta devant une maison de mince apparence dont les croisées supérieures étaient illuminées et d'où partaient des rumeurs bruyantes, des chants, des éclats de voix tels qu'en pouvaient seuls produire une demi-douzaine d'étudiants en belle humeur.

— C'est là ! seigneur étudiant, dit le domestique en indiquant du doigt au jeune homme les fenêtres flamboyantes et il se retira.

Ulric monta lentement les deux étages et frappa à la porte du cénacle bruyant, de manière à dominer le bruit de la bacchanale qui se faisait à l'intérieur.

La porte, qui s'ouvrit soudain, montra au jeune homme un curieux spectacle. Sept ou huit jeunes gens étaient assis autour d'une table sur laquelle flamboyait un formidable bol de punch, dont la vive lueur faisait pâlir la lumière des bougies. Un nuage épais de fumée de tabac entourait les convives d'un voile à demi transparent et leur donnait je ne sais quelle apparence de dieux scandinaves enveloppés dans leur robe de brouillard. Des pipes, des épées, des pistolets, garnissaient les murailles blanchies à la chaux, sur lesquelles étaient clouées quelques belles gravures d'Albrecht Durer. Sur la cheminée, une petite glace de Venise supportait des buis bénits. Dans le fond de la chambre, un des buveurs se berçait dans un hamac en fumant magistralement une longue pipe américaine dont le tuyau flexible balayait le plancher. Tous les convives avaient ôté leurs habits et leurs cravates, et quelques-uns déchiraient gravement leurs livres classiques pour allumer leurs pipes.

A la vue d'Ulric, debout sur le seuil de la chambre, il se fit un profond silence; tous les regards se tournèrent vers lui avec une curiosité mêlée d'un peu de défiance. Il y avait sur tous les fronts de ces jeunes gens, stimulés par l'aiguillon du punch, un sentiment de fière indépendance, de confiance et d'intelligence qui frappa vivement Ulric. Ces belles têtes allemandes d'ordinaire inclinées sous l'aile de la rêverie, rayonnaient à cette heure d'une puissance irrésistible.

— Lequel de vous, messieurs, s'appelle Max? dit Ulric en interrogeant du regard tous les convives, tandis qu'il tirait une lettre de sa redingote à brandebourgs.

— Moi, dit en se soulevant sur le coude le fumeur du hamac. Si tu viens de la part de mon banquier, que Dieu te protége! — Si tu es l'envoyé de quelque Philistin, que le diable t'emporte!

— Je viens de la part d'un ami et j'apporte des paroles de paix, dit Ulric en souriant, et en remettant à Max la lettre d'introduction qu'il tenait à la main.

— Messieurs, dit Max après avoir rapidement parcouru la lettre, je vous présente un frère, le fils du baron de R..., un des braves centaures de Lutzow qui a reçu le dernier soupir de Kœrner! Qu'on remplisse, en l'honneur de notre nouveau camarade, la coupe d'Hercule!

Et d'un bond, Max s'élança de son hamac et prit sur une table un immense verre de Bohême, dont la capacité eût fait reculer le maréchal de Bassompierre lui-même, qui porta un jour aux treize cantons suisses un toast colossal, avec sa botte à l'écuyère remplie de vin.

— A ton étoile et à ta gloire future! dit Max.

La coupe, dont les proportions héroïques semblaient avoir été créées pour quelque héros des Niebelungen, fit le tour de la table et revint aux mains de Max qui la tarit d'un trait.

— Maintenant, frères, que notre nouveau camarade a partagé avec nous le pain et le sel, qu'il a fumé le calumet universitaire, le voilà affilié à la libre et joyeuse congrégation des Renards; or, la séance est ouverte et Franck a la parole.

— De quoi parliez-vous, messieurs? dit Ulric.

— De presque rien, fit Max en tendant son verre à l'échanson; la discussion roule sur l'amour, la liberté, la poésie, la valse à trois temps, le vin du Rhin, le Turc, les revenants, les bottes à l'écuyère et la part que le diable a dans les choses de ce monde. Tu peux voir, frère, que la conversation a de la marge. Nous tenons aujourd'hui notre congrès de buverie où nous passons d'ordinaire au crible d'une discussion libre et pittoresque, tout ce qui a été, est et sera.

— Je disais donc, messieurs, dit le jeune homme auquel Max avait donné le nom de Franck, qu'il ne faut pas chercher bien loin dans les œuvres attribuées aux fils des hommes, pour y trouver les traces de la griffe d'*Old-Iniquity*, comme l'appelle Gœthe. Une foule de monuments, ceux-là surtout que les voyageurs admirent le plus et qui frappent l'esprit des peuples par leur caractère de grandeur colossale ou de sublime hardiesse, ont eu le diable pour collaborateur. Voyez notre cathédrale de Cologne, qu'on s'efforce en vain d'achever. Dix générations se sont succédé pour compléter et terminer la maison du Seigneur. On fait des quêtes par toute l'Allemagne, les rois eux-mêmes ont puisé à pleines mains dans leurs trésors : rien n'y fait. Une partie tombe en ruines tandis qu'on édifie l'autre. Les nefs se lézardent pendant qu'on élève les tours. Et puis le plan primitif est perdu. On va à l'aventure, comme des cuistres qui voudraient remplacer un livre perdu de Diodore, ou combler les lacunes de Tacite. On gâche du piâtre, on taille des pierres, on en pose deux au nord, il en tombe trois au midi. Allez! il y a dans les traditions populaires plus de vérité et de philosophie qu'on ne pense, et l'Allemagne sera rendue à sa grande unité nationale que la cathédrale de Cologne élèvera toujours vers le ciel ses tours tronquées comme une autre Babel de l'Occident!

— Sais-tu bien, Franck, dit Max en souriant, que tu fais la part du vieux Satan bien belle en lui permettant d'opposer son *veto* à l'achèvement du plus beau monument de la chrétienté, de celui qui devait être un magnifique symbole de la nouvelle loi?

— Dieu lui a permis bien autre chose encore, dit Franck, et il semble avoir toujours conservé un reste d'affection pour celui qui fut jadis le premier de ses séraphins. Et puis, ma foi, c'est un peu là-haut comme ici. Ainsi, toi, Max, qui es bien le plus mauvais sujet de la famille, toi à qui la mère a envoyé en secret ses diamants pour payer tes dettes, toi qui as fait tuer à ton père un troupeau de veaux gras en lui promettant chaque fois de ne plus jeter sa fortune, ta santé et ton avenir par les fenêtres, n'es-tu pas celui qu'il préfère entre tous tes frères? La dernière fois que le digne homme vint te voir, je lui fis compagnie en attendant ton retour. Or, je me souviens que tu revins ce jour-là, monté sur un cheval magnifique, que tu venais d'acheter sans savoir comment tu le payerais. Eh bien, sais-tu ce que dit ton père en te voyant?...

— Il commença un sermon, sans doute, ou bien il débuta par une apostrophe cicéronienne : *Quousque tandem.*, etc.

— Tu es injuste envers ton bon père, mon cher Max. En te voyant manier ton cheval de manière à lui faire exécuter toutes ces coquetteries équestres qui plaisent tant aux femmes, ton père s'est tourné vers moi et m'a dit avec le plus charmant sourire : N'est-ce pas, Franck, que mon Max ferait un joli capitaine de hussards? Eh bien! Dieu a un faible pareil pour les fredaines de son ange tombé; il lui a permis une foule de caravanes incongrues, preuve : le bonhomme Job, qu'il lui a laissé tourmenter de tant de manières!

— Tu oublies que la femme du patriarche était de la partie. Ne calomnions pas le vieux Satan, dit gravement Max. Dieu sait ce qui est arrivé à Luther pour avoir tenté de perdre le diable de réputation en Allemagne!

— Mais nous voici bien loin de la cathédrale de

Cologne, dit Ulric, je désirerais que Franck achevât ce qu'il avait à nous dire à ce sujet.

— Je disais donc, reprit Franck — que les merveilles architectoniques du monde portent presque toutes l'empreinte d'une puissance surhumaine. Qui a élevé ces palais de Balbeck dont chaque pierre a 70 pieds de long sur 20 de haut? Qui a posé sur des colonnes de 100 pieds ces plafonds d'une seule pièce de plus de quatre cents pieds carrés? Où sont les Titans qui ont pétri ces rochers dont les parcelles nous ont servi à faire des obélisques? Aujourd'hui, que nous disposons de la vapeur, de la poudre, et que la mécanique a fait des progrès incontestables, où sont les architectes qui oseraient entreprendre de creuser des temples comme ceux d'Ellora et d'Eléphantis, monstrueux prodiges pour lesquels on a éventré une montagne de granit et taillé temple, colonne et dieux sur les proportions du colosse de Rhodes. Demandez aux Brahmanes quel est l'architecte auquel on doit ces temples surhumains dans lesquels aucun rayon du soleil ne pénétra jamais, et ils vous diront à l'oreille un nom terrible et connu! Maintenant, pour en revenir à notre cathédrale de Cologne, cette autre toile de Pénélope du christianisme, savez-vous ce que me racontait, il y a huit jours, Fritz le charpentier, qui travaille à la forêt de la nef?

— Non! firent tous les convives d'un air attentif.

— Voici le fait : — Fritz chantait en équarrissant une poutre, lorsque, tout à coup, il s'aperçut qu'il avait oublié son compas. Il alla donc à la porte des combles pour appeler son apprenti, lorsqu'il vit avec étonnement qu'on avait ôté l'échelle qui remplaçait une partie de l'escalier encore en construction. Il se coucha sur le ventre et appela son compagnon d'une voix forte; mais l'église était déserte, et sa voix alla réveiller une foule d'échos qui renvoyèrent ses paroles avec des sons étranges. Il cria de nouveau, mais inutilement. Pas un ouvrier ne se trouvait dans l'église et sa voix tombant du haut de la nef, qui n'a pas moins de deux cents pieds de haut, pouvait fort bien ne pas avoir été entendue. Il revint donc dans les combles et ouvrit une fenêtre pour appeler du secours, mais le vent soufflait d'une telle force, qu'il n'entendit presque pas lui-même le son de sa voix. Il voyait cependant quelques ouvriers, au pied du monument, mais leurs paroles montaient jusqu'à lui comme un léger murmure. Il eut beau faire des signes, appeler, rien n'y fit. Son apprenti, le croyant parti, avait sans doute ôté l'échelle des combles pour quelque autre besoin et laissé ainsi son maître emprisonné à deux cents pieds du sol. Fritz était d'une humeur massacrante, comme vous pouvez le penser, d'autant plus que la nuit s'approchait et qu'il se voyait menacé de coucher dans l'église sans souper. Bientôt l'ombre gagna la ville, et les derniers rayons du soleil vinrent dorer le gigantesque édifice. Les bruits cessèrent peu à peu sous lui, et les nombreuses cloches des églises lui envoyaient les heures qui traversaient les airs comme des messagers sonores. La cité s'endormait, les vitres flamboyantes s'éteignirent peu à peu et bientôt tout fut ombre et silence.

Il fallait prendre un parti, quel qu'il fût, et le plus sage était de se résigner. Fritz assembla donc un lit de copeaux, puis ayant dit sa prière du soir, il se jeta sur son lit improvisé, où il ne tarda pas à s'endormir d'un profond sommeil en se promettant cependant de donner une fière raclée à son apprenti, qui lui valait cette nuit de bivouac aérien.

Il dormait depuis deux heures, lorsqu'il fut réveillé par le bruit des cloches qui sonnaient minuit à toutes les églises; il se retournait sur l'autre flanc pour reprendre son sommeil interrompu, lorsqu'il vit au-dessus de la cage de l'escalier des combles, une vive lueur qui éclairait le toit et semblait venir de l'église. La première pensée de Fritz fut que le feu était dans quelque partie du monument et qu'il allait périr d'une horrible mort sans aucun espoir de salut. Il se leva précipitamment de sa couche et s'élança à l'ouverture de l'escalier d'où la vue pouvait plonger dans toute l'église, et ce qu'il vit alors le frappa d'une plus profonde horreur, d'un plus mortel effroi, que s'il eût vu une mer de feu l'entourer de ses vagues dévorantes.

II

Aux dernières paroles de Franck, tous les convives s'étaient rapprochés de lui. Il venait de toucher la corde favorite de l'esprit allemand : le fantastique. Et tous ses auditeurs béants étaient prêts à le suivre dans les régions incréées et vaporeuses du pays des rêves et de l'inconnu.

Franck continua ainsi son récit :

Par l'ouverture de la voûte sur laquelle il était couché, la face vers l'intérieur de l'église, Fritz vit alors des choses si inouïes et si étranges, que pour s'assurer s'il n'était pas sous l'obsession d'un rêve monstrueux, il se mordit si violemment la paume de la main, que les traces de ses dents y paraissaient encore huit jours après.

Les portes de la cathédrale étaient ouvertes comme si l'on eût attendu quelque cortége royal. Bientôt Fritz vit paraître de petits hommes noirs d'une agilité semblable à celle des singes, et qui se répandaient comme un torrent dans la basilique, avec l'air d'ouvriers empressés qui viennent reprendre un travail interrompu. Presque tous avaient le costume des artisans du quatorzième siècle : un tablier de cuir leur ceignait les reins; à leur ceinture pendaient des ciseaux, des vrilles, des marteaux, des limes, des tenailles. Ceux qui paraissaient être les maçons de cette troupe bizarre n'avaient ni truelles ni niveaux, mais de petits leviers de fer; les outils servant à construire manquaient complétement; mais, en revanche, tous les instruments de destruction inventés par l'homme se trouvaient aux mains de ces étranges ouvriers.

L'église se remplissait de plus en plus de ces singuliers êtres dont les pas n'éveillaient aucun bruit sous les voûtes sonores. Par la sombre arcade du portail, on voyait passer une foule noire et serrée qui montait comme un fleuve vivant le long des frises, des croisées, des meneaux des verrières, des nervures, des voûtes et des chapiteaux des colonnes. Puis ces flots noirs et grouillants atteignirent les galeries supérieures et couvrirent les roses, les trèfles et les pendentifs d'un voile sombre et mobile. Et les légions d'ouvriers entraient toujours! Bientôt les vastes flancs du monument, les fûts des hautes colonnes, les ogives des galeries furent couverts de cette singulière population qui semblait avoir, comme les chauves-souris, la propriété de s'attacher aux surfaces planes et verticales. Enfin, quand toute l'église fut recouverte de ce crêpe infernal et vivant qui la tapissait comme pour de mystérieuses funérailles, on entendit de dessous le porche une voix stridente et impérieuse s'écrier : LE MAÎTRE ! frères.

Ce nom, qui tomba au milieu du silence solennel qui régnait dans la cathédrale, fit frémir Fritz et couvrit tout son corps d'une sueur glacée. Il fit le signe de la croix, ferma les yeux pour s'arracher aux mystères qui allaient s'accomplir ; mais une puissance inexplicable le forçait d'être le témoin de la plus étrange chose qui ait jamais frappé le regard d'un chrétien.

La voix qui avait annoncé *le Maître* avait trouvé un écho dans les milliers d'ouvriers qui remplissaient la nef et les bas-côtés, mais qui, par une circonstance singulière, n'avaient pu franchir les grilles du chœur. Un bruissement de voix grêles parcourut l'édifice comme une onde sonore, monta du sol le long des colonnes, s'élança par les meneaux des verrières, descendit par les retombées des arceaux, comme un courant animé. Fritz s'aperçut alors que la lumière étrange qui éclairait la nef et qui lui avait fait croire à un incendie, provenait d'une petite flamme que les ouvriers portaient au sommet du front, et qui vacillait comme les feux follets des cimetières. Cependant, chose singulière, bien que l'église fût au dedans resplendissante de clarté, les verrières ne jetaient aucune lueur au dehors, et les flancs du monument étaient enveloppés d'épaisses ténèbres. Tout à coup, le porche s'illumina d'une manière éblouissante, comme si un torrent de cristal en fusion y eût passé, et celui dont la foule venait d'annoncer le nom avec une mystérieuse épouvante, apparut !

C'était un jeune homme d'une beauté étrange et dont tous les traits portaient l'empreinte d'une indomptable fierté et d'une inexprimable souffrance. Son front haut et vaste, sur lequel tombaient de riches boucles brunes, semblait couver de tumultueuses pensées. Son regard voilé, profond et implacable, illuminait l'ombre la plus profonde. Les angles de sa bouche, retroussées par l'ironie, trahissaient un désespoir sans issue. Ce mystérieux personnage était vêtu d'un riche costume de velours de forme antique et tenait à la main un fouet à plusieurs lanières, dont les extrémités semblaient armées d'aiguillons. Arrivé à l'entrée du porche, il s'arrêta un moment, jeta un regard rayonnant d'une sauvage ironie sur la grande nef et les nefs latérales, fermées à leur sommet par des planches vermoulues et mal jointes; puis, se tournant vers la tour de droite, qui, depuis huit siècles, n'a pu s'élever au-delà de cent pieds du sol, il poussa un rire éclatant qui parut faire frémir le colossal monument dans ses assises de granit.

Tandis que les bas côtés de la grande nef étaient inondés de lumière, le chœur et les chapelles latérales restaient plongés dans d'épaisses ténèbres. Un seul rayon de lune, traversant la fenêtre du chœur, détachait sur le vitrail la figure de Saint-Hermann et venait éclairer une pierre tumulaire sur laquelle l'œil le plus perçant eût vainement cherché les traces d'une inscription. Dans l'ombre, apparaissaient les formes blanches des statues de la Reine des anges et de saint Pierre, gardant l'entrée du chœur, tandis que les apôtres, dans leurs robes d'azur, constellées de fleurs et d'étoiles, comme des électeurs du Saint-Empire, formaient autour des colonnes du chœur comme une cohorte sacrée. La froide lumière de la lune, glissant sur les tombeaux des archevêques Adolphe et Antoine de Schauenbourg, donnait à leurs statues couchées sur leurs lits de marbre je ne sais quelle mystérieuse apparence de vie.

L'inconnu, après quelques minutes de recueillement, pendant lesquelles son regard errait sur toutes les parties du vaste édifice, s'avança tout à coup vers le chœur, dont les grilles roulèrent sur leurs gonds à son approche. Le rayon de lune qui jetait sa poussière d'argent sur le parvis, s'éclipsa comme si le ciel se fût soudainement voilé. L'inconnu se dirigea alors vers la pierre tumulaire sans inscription; puis, la frappant du pied d'un air impérieux, il dit d'une voix menaçante dont le timbre formidable ébranla la voûte : *Debout! l'heure est venue !*

Un profond gémissement répondit à cet appel, et la froide dalle se souleva lentement, poussée par un spectre dont les regards, empreints du plus profond désespoir, semblaient demander grâce au mystérieux inconnu.

Celui-ci répondit à cette muette supplication par un rire cruel, et marcha droit aux tombeaux des archevêques Adolphe et Antoine, dont il frappa les statues d'un violent coup de fouet en répétant de nouveau : *Debout! l'heure est venue !*

Et les blanches statues se levèrent lentement de leur couche de marbre et vinrent se placer auprès du spectre de la tombe sans nom.

Alors l'inconnu se dirigea vers la tombe des archevêques Philippe de Heinsbergen et Conrad de Hochstetten, fondateurs de la merveilleuse cathédrale, et les frappa de son fouet en répétant : *Debout ! debout ! l'heure est venue !*

Et l'image de pierre de Philippe et la statue de bronze de Conrad, quittèrent leur couche glacée et vinrent se ranger auprès de leurs muets compagnons.

L'église se remplissait, pendant ce temps, de gémissements, de soupirs qui semblaient sortir des tombes; mais l'inconnu allait toujours fustigeant de son fouet magique tous ces pauvres morts qui secouaient avec peine leur sommeil séculaire et entr'ouvraient lentement leurs sépulcres pour venir se ranger auprès de leurs compagnons.

Puis il marcha droit aux orgueilleux mausolées des princes de Bavière, enterrés devant la chapelle des trois Rois Mages, qui, les premiers, saluèrent la venue du Christ. Et il frappa du fouet leurs splendides charniers, en disant d'une voix terrible :

— Debout ! princes de la terre, aujourd'hui vassaux du sépulcre ! *Debout ! l'heure est venue !*

Et tous ces êtres sans nom, revêtus de couronnes brisées, de manteaux de velours et d'or fanés par la nuit du cercueil, se levèrent lentement et vinrent se ranger auprès de leurs mornes sujets.

L'inconnu devenait de plus en plus farouche, sa voix de plus en plus menaçante ; son regard dévorait ! Il leva les yeux vers les statues des apôtres placés à trente pieds du parvis ; deux fois il leva sur ces compagnons du Christ son redoutable aiguillon, et deux fois son bras retomba comme paralysé par une puissance supérieure. Enfin, la haine l'emporta ; il dirigea son fouet vers la statue de saint Pierre, en répétant son terrible : Debout ! L'apôtre resta immobile dans sa dalmatique d'azur. L'inconnu, furieux, allait redoubler, lorsque tout à coup il pâlit en apercevant devant lui un bouclier d'or porté par un bras invisible, et dont l'éclat était tel qu'il se rejeta en arrière en poussant un cri si sauvage, qu'on eût dit qu'il venait de voir quelque monstrueuse apparition dans l'arme divine.

Trompé dans son espoir de vengeance, l'inconnu revint d'un pas rapide vers la troupe glacée des morts qu'il venait d'arracher à leur longue nuit; puis, les ayant contemplés quelque temps avec une joie infernale, il s'adressa au trépassé que recouvrait la pierre sans nom.

— Eh bien ! dit-il, n'ai-je pas tenu ma promesse, et ton orgueil insensé n'a-t-il pas reçu une punition digne de moi ? Tu croyais immortaliser ton nom en l'attachant à l'œuvre la plus splendide sur laquelle les enfants des hommes eussent jamais attaché leurs regards; tu croyais pouvoir me dérober impunément une pensée que je conçus jadis pour la gloire de Celui contre lequel j'osai seul lutter !

Et pour obtenir cette renommée qui aurait éternisé ton nom, tu as osé lutter de ruse avec moi! moi qui ai l'éternité pour faire le mal et les sombres solitudes de mon royaume pour y rêver! Tu as pensé que je laisserais, au prix d'une âme que l'orgueil devait m'assujettir un jour, achever un temple qui eût rallié au Christ, mon vainqueur, toutes les générations futures ; un temple dont l'éblouissante richesse de détails, la sublime harmonie de grandeur et de majesté, ne sont pas faites pour être comprises par vos misérables intelligences! Vois plutôt! Depuis huit siècles l'Europe chrétienne s'évertue en vain à saisir la pensée de mon œuvre, que *seul* j'ai pu concevoir et que *seul* je pourrais achever! Et lorsque vos architectes, misérables plagiaires, sont restés épuisés et stupides devant une création qui les écrasait, ils ont dit que l'or seul leur manquait pour achever la maison de Jéhovah! Et l'Allemagne s'est émue, et jusqu'à des princes protestants sont venus apporter leur pierre à l'édifice. Puis, sont arrivés les savants et les architectes, chacun avec son *plan primitif*, et la confusion n'a pas tardé à se mettre dans votre moderne Babel; car ce plan que tu possédas un instant et pour lequel, dans la nuit de Noël 1248, tu renonças à ton Dieu sur les bords du Rhin, ce plan, le voici!

Et l'inconnu tira de son sein une vaste feuille

d'or sur laquelle le pâle trépassé vit rayonner en traits de feu un édifice surhumain, gigantesque, réunissant à la fois l'idéal le plus complet de la pensée chrétienne et la liberté la plus riche dans la forme et dans la variété. A cette vue, le pauvre mort se prit à sangloter en disant :

— Oh ! toute une éternité de douleurs et de supplices pour que mon nom soit révélé aux hommes et qu'il remplisse l'avenir !

— Mais de quoi te plains-tu ? dit l'inconnu avec un amer sourire. N'avais-tu pas fait graver sur une plaque d'airain destinée à être scellée dans le portail de ce monument, ton nom, ta patrie, ton âge, afin que la postérité n'ignorât rien de ce qui te concernait et qu'elle pût chaque jour s'occuper de toi ? Eh bien ! cette plaque d'airain, ce glorieux blason sur lequel tu comptais pour assurer ton immortalité, elle a reposé sur ta poitrine, dans ta tombe, depuis l'heure de ta mort, et elle y demeurera comme une de tes tortures jusqu'à la fin des temps. Vois plutôt !

Et il fit un signe à l'un des petits ouvriers noirs qui se pressaient à l'entrée du chœur. Celui-ci se précipita dans la fosse avec l'agilité d'un lutin et revint tout triomphant, tenant à la main une table d'airain sur laquelle rayonnaient un nom d'homme, un nom de ville et une date !

A cette vue, le spectre poussa des cris déchirants; mais l'inconnu, impassible comme les rochers du Drachenfels, reprit :

— Tu le vois, rien n'a manqué à ton immortalité que ma volonté. Ta pierre tumulaire, colossal témoignage de ton orgueil, de ton mensonge, était la dernière de tes espérances, — il m'a suffi d'y passer la main pour en effacer jusqu'à la dernière trace de ta renommée. Regarde !

Et les ouvriers noirs retournèrent la pierre sépulcrale comme si c'eût été une brique légère, et le triste trépassé vit avec angoisse que sa surface était polie comme si jamais le ciseau ne l'eût entamée.

Et cependant, continua l'inconnu, — tandis que tu dormais ton long sommeil de mort. qui, grâce à moi, ne fut pas sans rêves, les savants recherchaient ton nom pour le couronner d'une auréole de gloire, et plusieurs fois le bruit de leurs pas vint réveiller l'écho de ton cercueil, tandis qu'ils fouillaient les derniers recoins de cet édifice, sur lequel ils espéraient un jour découvrir ton nom ! Ah ! tu as pensé pouvoir lutter avec moi ! avec celui qui n'est tombé que sous la foudre de Jéhovah !

Et il se mit à rire d'un rire si éclatant et si terrible, que tous les morts tremblants, arrachés à leurs froides demeures, frémirent sous leurs humides suaires.

— Ce n'est pas tout, cependant, reprit l'inconnu; — que me servirait d'avoir effacé ton nom de la mémoire des vivants comme je l'ai effacé de ce granit tumulaire?... Il faut, et je *veux*, pour que ma vengeance soit complète, que toi et tous ceux qui ont pris quelque part à l'érection de ce monument que j'ai condamné, — que toi et tous ceux qui ont pensé pouvoir vaincre ma volonté, en cherchant à élever jusqu'au ciel ces tours sur lesquelles pèse ma malédiction, — vous soyez condamnés à défaire chaque nuit l'œuvre que les vivants accomplissent chaque jour, jusqu'à ce que l'herbe ait recouvert la dernière de ces pierres!

Et levant son formidable fouet sur la foule épouvantée qui l'entourait, il la chassa devant lui en criant d'une voix terrible : *A l'œuvre! à l'œuvre! l'heure est venue!*

Alors on vit un étrange et terrifiant spectacle! Les mornes électeurs, les pâles archevêques et le colosse de bronze qui reposait sur la tombe de Conrad, le fondateur de la cathédrale, sortirent du chœur à pas solennels et lourds, tandis que derrière eux se pressait la foule des tremblants trépassés cherchant à éviter le fouet de l'inconnu qui les chassait devant lui en répétant : *A l'œuvre! l'heure est venue!*

A l'entrée du chœur ondulaient les flots animés des petits hommes noirs qui brandissaient leurs outils avec impatience. Arrivé à la porte du chœur, on remit aux morts qui précédaient l'inconnu, des scies, des tarières, des leviers, et ils continuèrent leur route, impassibles et muets, vers les différentes parties de l'édifice, suivis, chacun, d'une cohorte de petits hommes noirs qui paraissaient devoir leur servir de manœuvres.

Le spectre de la tombe sans nom fut envoyé vers le portail, la plus belle partie de l'édifice, pour y accomplir sa tâche de destruction. Conrad de Hochstetten et les deux frères Antoine et Adolphe furent dirigés au sommet de la tour du nord, où l'on entendit bientôt résonner leurs pieds lourds dans la spirale de pierre. Les électeurs de Bavière et la foule qu'avait chassée devant lui l'inconnu, restèrent dans la nef et les bas côtés. Bientôt le maître donna le signal du travail et l'œuvre de destruction commença.

Les ouvriers noirs, qui, jusqu'alors, s'étaient tenus immobiles le long des flancs de l'église, des parois des voûtes et des colonnes, s'animèrent comme par enchantement et se mirent à grouiller comme une fourmilière. Les uns, armés de longs fouets, pressaient les pauvres morts dans leur travail sacrilége en cinglant sans pitié leurs vieux os; les autres leur présentaient des outils et les aidaient à desceller les pierres, à ébranler les clefs de voûte, à érailler les nervures, à rompre les barres de fer qui liaient les hautes verrières. De noires cohues, accroupies sur les chapiteaux des colonnes, les ogives des galeries, grattaient les belles efflorescences de pierre nées sous le ciseau des vieux maîtres allemands. D'autres jetaient sur les charpentes une poussière qui se convertissait en laves terribles, sous l'effort desquelles se consumaient les chênes les plus noueux.

Une légion s'était abattue sur les verrières et le chœur comme une nuée de chauves-souris, et s'occupait à ronger le plomb et le fer des vitraux. D'autres enfin montaient et descendaient dans les tours. Tout ce travail s'accomplissait dans le plus solennel silence et avait le calme d'un rêve. L'inconnu, comme un maître terrible, se promenait dans la vaste basilique, surveillant les progrès de son œuvre, excitant les tièdes, encourageant d'un regard les plus ardents. Parfois il disparaissait un moment sous le cintre obscur du porche, et alors le silence était interrompu par les douloureux gémissements du spectre sans nom, que le *maître* forçait sans doute d'accomplir quelque étrange sacrilége. Puis il remontait dans la tour de la grue, où les trois archevêques s'occupaient de l'horrible tâche de détruire tout ce qui s'était fait jadis par leurs soins.

Le chœur était retombé dans l'ombre et retentissait de sanglots. Du haut de leur socle de pierre, les apôtres levaient leurs mains suppliantes vers le Christ pour le conjurer d'étendre son bras vainqueur de l'enfer et de chasser d'un regard tous ces monstrueux profanateurs. Des larmes glacées coulaient sur leur face de marbre et tombaient sur les dalles comme des gouttes de plomb fondu.

Tout à coup les douze pairs chrétiens quittèrent leurs colonnes et entourèrent leur divin maître, et on entendit une voix qui disait :

— « Ne permets pas, o Rédempteur ! que ces choses s'accomplissent ! Chasse d'un souffle tous ces enfants des ténèbres et protége ta maison contre leurs entreprises sacriléges ! »

Mais le Christ demeura muet sur sa croix et ne releva pas sa tête affaissée par l'agonie du Golgotha.

Alors du fond du chœur sortirent trois inconnus portant des vêtements de soie et d'or, comme ceux des princes et des mages de l'Orient. Ils tenaient dans leurs mains de riches présents de myrrhe, d'encens et de perles.

Et arrivés au pied de la croix, ils dirent :

— « O toi, divin Sauveur que nous avons eu la gloire de saluer les premiers à ton berceau, dis un mot, afin d'arracher ton temple à la destruction qui le menace ! »

Mais le Christ demeura muet sur son bois sanglant et ne rouvrit pas ses lèvres glacées par la nuit du Golgotha.

Alors une femme — le front couronné d'étoiles et dont le regard calme et pur semblait refléter le ciel — descendit de la colonne et se courba devant la croix, en disant avec un soupir :

— « O mon fils, au nom de mes douleurs surhumaines, — de mon cœur déchiré par ta sublime immolation,— étends ta main, et chasse vers leurs régions sombres ces maudits qui souillent ton temple et le veulent détruire ! »

Tout demeura muet, et le Christ n'étendit pas sa main souveraine, fixée au bois sanglant du Golgotha.

A cette vue, les apôtres et les mages, qui jusqu'alors avaient espéré en l'intervention de la Reine du ciel, retournèrent à leurs châsses d'or, en pleurant amèrement et en disant :

— « Les temps sont arrivés ! la loi nouvelle est accomplie et le temple va crouler ! Malheur à nous qui n'aurons plus d'aussi calmes et d'aussi silencieuses retraites pour y louer le Seigneur ! »

Et les noirs compagnons de l'inconnu travaillaient toujours, et son terrible aiguillon pressait les muets ouvriers qu'il avait arrachés à la tombe pour son œuvre de vengeance.

Tout à coup une voix qui semblait partir du fond du sanctuaire, laissa tomber ces paroles :

— « Lorsque j'étais avec vous ! lorsque j'étais parmi les enfants des hommes, je leur ai dit :

Avec la foi vous soulèverez des montagnes et vous direz aux flots courroucés des mers : Apaisez-vous!

« Là où manque la foi, manquent la force et l'intelligence des choses divines. Les saints remuaient des collines, — les hommes ne peuvent plus remuer ces pierres, — mon esprit ne les anime plus, car l'orgueil et l'égoïsme ont remplacé l'amour!

« Qu'importe à mon nom que cette œuvre s'accomplisse? N'ai-je pas mes temples dans les solitudes des mers et sur le trépied des montagnes et des glaciers?

« C'est là qu'habite mon esprit, c'est là qu'on aura l'intelligence de ma parole! C'est à eux et non à moi que les hommes ont élevé ce monument. Le jour où mon père a retiré sa main de son peuple, l'œuvre de Salomon est tombée!... Le jour où l'Allemagne s'est retirée de moi, elle a été frappée d'impuissance; qu'elle lutte donc avec l'ennemi, afin que la loi nouvelle ait aussi sa Babel, son trophée de superbe et de folie! »

Et la voix se tut! Tout à coup, une blanche lueur illumina les hautes verrières, — un rayon de soleil dora la cime du chœur. A cette lumière souveraine, l'essaim noir des ouvriers d'enfer disparut comme par enchantement, et les froides statues et les tristes trépassés allèrent reprendre leur lit de marbre et de terre!

Voilà ce qu'a vu Fritz, le charpentier, pendant la nuit qu'il a passée dans les combles de la cathédrale, et voilà ce qu'il m'a raconté, en jurant sur son salut éternel qu'il ne travaillerait plus au dôme, quand on lui donnerait dix thalers par jour!

III

Franck avait fini son récit, que tous les auditeurs l'écoutaient encore. A mesure qu'il déroulait à leur esprit inquiet et curieux, le terrible drame nocturne dont Fritz avait été le témoin forcé, l'attitude des étudiants était devenue plus grave. Ils avaient écouté d'abord en fumant et en faisant de nombreuses visites au vaste bol qui flamboyait devant eux; puis peu à peu les pipes avaient été posées sur la table ou alignées le long de la muraille; les verres étaient restés vides, et une immobilité muette avait remplacé cette agitation nerveuse qui travaille tout auditeur qui n'écoute que par politesse.

Mais, de tous les jeunes gens, celui qui avait tendu toutes les puissances de son âme pour mieux saisir les circonstances de cet étrange récit, c'était Ulric. Pour lui l'impression avait été plus vive que pour tout autre. Sa nature, portée aux choses merveilleuses, lui avait fait voir par les yeux de l'esprit cette vision infernale à laquelle il regrettait presque de n'avoir pas assisté. Ce trépassé sans nom, déçu dans son orgueil et dans sa gloire, cet inconnu mystérieux, hâtant par les coups de son terrible fouet son œuvre de destruction, toutes ces choses l'avaient profondément impressionné et éveillé en lui ces pensées folles, étranges, qu'il n'eût osé avouer à ses amis, mais qui s'emparaient de son esprit dans la solitude et planaient sur son âme comme de noirs oiseaux autour d'une proie.

Cette pente de l'esprit germanique pourra sembler étrange à des lecteurs ordinaires, qui ne manqueront pas de trouver fort ridicule qu'une demi-douzaine d'étudiants allemands emploient leurs loisirs à s'occuper du diable et de la part qu'il prend aux choses de ce monde. Dans une pareille situation, les étudiants français eussent passé le temps à parler de la Chaumière, du dîner Millaud, de la meilleure méthode pour culotter les pipes et de la dernière caricature du *Charivari*; — des étudiants anglais auraient bu gravement dix bols de punch, en prouvant que le pape n'est autre chose que l'Antechrist, et que la reine Victoria tient les clés du paradis et du parlement dans sa poche ; — des étudiants flamands auraient vidé vingt litres de bière sans mot dire. Or, des étudiants allemands ne pouvaient que s'égarer dans les espaces inconnus du monde invisible, et de là au diable il n'y a qu'un pas.

Puis l'Allemagne fut toujours le foyer des sombres légendes de l'esprit du mal, qui se manifeste plus volontiers dans l'Occident que dans les contrées lumineuses du Midi. Le Nord de l'Europe est plein de traditions où se montre le pied fourchu de Satan, tandis que le Midi semble réservé aux superstitions orientales, telles que les fées, les djinns et les dragons gardiens de trésors. Nous ne voulons pas expliquer ici les causes de cette différence radicale qui existe dans les traditions du Nord et de l'Orient de l'Europe, nous nous bornons à constater un fait. Quant à l'autorité de ces traditions, qu'il nous suffise de dire que les meilleurs esprits des premiers siècles chrétiens et les plus hautes intelligences du quinzième et du seizième siècle ne discutèrent jamais la véracité des faits appuyés par des témoignages aussi nombreux que respectables.

— Votre Fritz est un ivrogne qui se sera grisé, dit Max, en se secouant, comme pour se débarrasser de l'impression produite sur tous les convives par cette sombre histoire,—et, après s'être grisé, il se sera couché sur un lit de copeaux, où il aura subi l'obsession de toutes les rêveries cornues qui accompagnent une indigestion de bière de Bavière. Tous les prodiges du monde ont eu pour témoins des hommes qui avaient laissé leur raison au fond des pots.

— Fritz s'était si peu grisé, dit Franck, qu'il était à jeun depuis midi et qu'il n'avait bu ni un verre de bière ni de vin de toute la journée ; et s'il vous fallait une autre preuve des émotions terribles qu'il a éprouvé pendant cette nuit d'angoisses, je vous dirais qu'il est entré dans la cathédrale avec de magnifiques cheveux bruns, qui, à l'heure qu'il est, sont mêlés d'autant de cheveux gris que le pauvre garçon en pourrait raisonnablement craindre à l'âge de cinquante ans.

— Max est un voltairien, dit Ulric, qui n'accorde sa foi qu'aux choses matérielles, ce qui fait qu'il ne croit ni au galvanisme, ni à l'électricité, ni à la lumière, ni aux prodiges inexplicables, mais avérés du magnétisme, un homme enfin qui nie toutes les choses qui ne se mesurent pas par le compas du géomètre et ne se manifestent pas sous le scalpel de l'anatomiste. Quant à moi, je pense que votre charpentier Fritz a eu là un bonheur que bien des gens lui envieront!

— Ah çà! dit Max en souriant, aurais-tu par hasard l'envie de jouir d'une audience particulière de Sa ténébreuse Majesté?

— Je ne dis pas cela, dit Ulric; mais j'aurais voulu voir ce mystérieux inconnu, ne fût-ce que pour m'assurer si Milton et Flaxmann, deux hommes de génie, ont été fidèles dans la description qu'il nous ont laissée du beau séraphin déchu. J'ai toujours détesté la manière triviale et commune avec laquelle Luther a parlé de Satan.

— Ami! dit gravement Franck, tes paroles sont folles ou dangereuses, et malheur à toi, si elles ont passé par ton cœur avant d'arriver à tes lèvres!

Ulric baissa la tête comme si sa conscience lui eût jeté un secret reproche; mais Max, toujours railleur, reprit la conversation qui menaçait de tomber.

— Ainsi, dit-il, pour résumer tout cela, le diable ne veut pas que la cathédrale de Cologne s'achève, et il emploie, pour réaliser cette pensée, ceux-là mêmes qui mirent jadis toute leur gloire à doter l'Allemagne du plus beau temple chrétien qui s'élève de la terre vers Dieu comme la prière d'un grand peuple. Nous voici donc aux temps prédits! Le vieux dragon a rompu sa chaîne et rouvert le puits de l'abîme. Il va de nouveau courir le monde, semant des trésors et des couronnes. Ma foi, cela va rompre un peu la *monotonie de la situation*, comme disent les Français.

— Que Satan distribue les biens terrestres, dit Ulric, je le crois; mais qu'il puisse donner aux hommes des choses qui prennent leur source en Dieu, telles que le talent ou le génie, cela me semble difficile.

— Tu oublies le spectre de la tombe sans nom, reprit Franck : celui-là avait voulu la gloire, un nom entouré d'une auréole immortelle; mais son œuvre est restée tronquée et incomplète, et son nom sera à jamais un mystère pour les hommes!

— Peut-être, observa timidement Ulric, fut-il infidèle au pacte qu'il fit avec l'inconnu, et sans cette déloyauté, qui sait si l'Allemagne ne le compterait pas parmi ses enfants les plus illustres, et si le roi de Bavière ne l'aurait pas fait placer dans son Walhalla germanique, entre Albrecht Durer et le grand Hermann, vainqueur de Varus.

— C'est-à-dire, reprit Franck, que tu comprends qu'on achète une gloire terrestre au prix de son âme et d'une réprobation éternelle.

— Non, dit Ulric; mais je crois que Dieu a des pardons pour toutes les misères de l'homme, pour toutes les faiblesses de la chair, et je pense qu'il a dû étendre sa miséricorde sur celui qui ne fut criminel que parce qu'il voulut lui élever un temple digne de sa puissance.

— Dis un temple à son orgueil impie! s'écria Franck, car si ce sentiment ne l'eût pas animé à l'exception de tout autre; s'il eût compris que les œuvres des hommes ne sont qu'une inspiration d'en haut, sa gloire eût été pure et son nom rayonnerait en lettres d'or sur le parvis de cette cathédrale qui pèse aujourd'hui sur sa poitrine de damné!

— Assez de démonologie pour aujourd'hui, messieurs, dit Max en frappant de sa pipe sur la table; je déclare la séance levée, mais je dois à la vérité d'ajouter que notre ami Ulric manifeste des sympathies qui font honneur à son cœur et à sa générosité. Il est beau de défendre le vieux pied fourchu aujourd'hui que tant de gens ne lui font pas même l'honneur de croire à son existence.

Les étudiants se levèrent pour regagner leurs chambres. Ulric suivit l'exemple général, et quelques minutes après il était assis sur sa modeste couchette, rêvant à ce mystérieux inconnu, ce Prince de la Nuit convoquant ses sujets à une œuvre sacrilége et condamnant ses victimes à effacer jusqu'aux dernières traces de cette gloire, à laquelle ils avaient sacrifié jusqu'au salut de leur âme.

La vie d'Ulric fut à Heidelberg ce qu'est celle de tout étudiant allemand un peu consciencieux et qui n'accorde pas à l'escrime, à la pipe, à la taverne et aux aventures galantes, les vingt-quatre heures de la journée. Ulric suivit assidûment un cours de droit, et ses journées se passaient à scruter les mystères de la législation des peuples anciens, des coutumes germaniques et du droit de l'Empire. Les soirées s'écoulaient en causeries philosophiques qui, par une étrange fatalité, finissaient toujours par tourner au mysticisme le plus complet et par prendre pour texte les pages les plus apocalyptiques de Swedenborg, ce roi des illuminés, dont les écrits ont détraqué tant de cervelles allemandes.

Mais, au milieu de ses études, Ulric n'avait pas oublié son amour pour la poésie. Il se courbait avec regret sur les digestes et les commentaires, et sa pensée errait dans les espaces incréés de la fantaisie, tandis que son œil restait fixé machinalement sur les Pandectes ou les origines du droit germanique. Chaque jour sa nature d'artiste se révélait plus énergique et plus vivace, et ses rêves ambitieux n'allaient à rien moins qu'à ceindre cette couronne qui ornait le front de Schiller ou de Gœthe.

Le mouvement littéraire allemand fut surtout remarquable après la chute de Napoléon, qui inspira à la muse allemande tant d'admirables odes dont quelques-unes respirent toute l'implacable férocité scandinave. La voix des poëtes avait enfanté des bataillons, et les peuples reconnaissants regardaient comme des hommes d'élection, revêtus d'une mission nationale, Kœrner et Schenkendorf dont les chants faisaient frémir toutes les âmes d'un mâle enthousiasme. Cette gloire si grande et si pure devait être enviée par Ulric, et bientôt son imagination ne rêva plus qu'une de ces œuvres qui sont pour un pays un des fleurons de sa couronne littéraire.

Depuis longtemps Ulric travaillait en silence à une grande épopée nationale qui devait reproduire d'une manière dramatique les grandes luttes de l'Empire, sous Frédéric Barberousse. Tous les jours il se promenait seul sous les grands chênes qui ombragent les ruines du vieux château d'Heidelberg, méditant son œuvre chérie, celle de laquelle il attendait gloire et fortune. Souvent, au milieu de ses rêveries, un pâtre, ramenant ses moutons, s'arrêtait un moment; puis, après l'avoir regardé quelque temps avec cette inquiète curiosité du paysan illettré qui voit du grimoire dans toute écriture et des formules cabalistiques dans tout papier imprimé, il se retirait en sifflant un grand chien noir qui lui servait à maintenir la police dans son troupeau.

Un jour que l'inspiration rebelle refusait de descendre de son nuage pour obéir à la voix qui l'invoquait, et qu'Ulric, dépité, venait de déchirer avec humeur quelques pages dont il jetait les morceaux aux vents, le pâtre s'approcha de lui.

— Mon jeune seigneur, dit-il en saluant respectueusement le jeune homme, d'autres ont essayé avant vous de découvrir l'endroit où est cachée la *Chèvre d'Or;* mais aucun n'a pu y parvenir jusqu'à ce jour. Les uns y ont employé une armée de mineurs et ont fouillé les ruines en tous sens; d'autres ont lu des paroles étranges dans de gros livres; mais la terre garde bien ce qu'on lui confie!

— Je ne sais de quel trésor vous parlez, l'ami, dit Ulric en souriant; il est vrai que je cherche un trésor qui me donnerait gloire et richesse, si je suis assez heureux pour le conquérir; mais celui-là, il ne faut pour le déterrer ni pioche, ni paroles magiques, car il est caché là, fit-il en se frappant le front avec orgueil.

Le pâtre jeta sur Ulric un regard où, sous une apparente stupidité, brillait une défiance profonde.

— Vous autres, seigneurs étudiants, aimez à vous moquer des pauvres paysans, car, si vous ne connaissiez pas l'existence de la *Chèvre d'Or*, comment vous trouveriez-vous assis tous les jours juste à l'endroit où elle disparut en laissant une de ses cornes entre les mains du docteur Faustus qui voulait la saisir.

— Ah çà, dit Ulric impatienté, que me contezvous là de cornes, de chèvre et du docteur Faustus? Je vous dis encore, l'ami, que le trésor que je cherche n'est pas gardé par des dragons, comme celui des Niebelungen.

— Vous êtes bien heureux de savoir lire, d'être savant, dit le paysan qui semblait achever tout haut une pensée commencée tout bas. Si je savais lire, moi, je ne garderais pas des vaches crottées, mais j'aurais un château, des chiens et de grands bois pour y chasser le chevreuil et le cerf !

— Et tu acquerrais tout cela si tu savais lire, dit Ulric en souriant; mais alors, pourquoi ne vas-tu pas chez le maître d'école et n'étudies-tu pas avec ardeur?

— C'est qu'il n'est pas sûr que quand je saurai lire un livre allemand, je puisse comprendre la langue dans laquelle est écrit le livre qui doit me rendre maître de la *Chèvre d'Or*.

— Quel livre? dit Ulric, sur lequel l'air mystérieux et convaincu du pâtre commençait à agir.

— Le paysan jeta un regard rapide autour de lui pour s'assurer si personne ne pouvait l'entendre; puis, se rapprochant du jeune homme, il lui dit en lui serrant le bras avec force :

— Vous avez l'air d'un honnête homme; vous ne voudriez pas tromper un pauvre garçon qui se fierait à votre loyauté ; eh bien, écoutez-moi : — Il y a trois mois de cela, un inconnu vint aux ruines du château, accompagné de deux domestiques. L'inconnu se promena dans les ruines pendant fort longtemps, en tenant à la main un livre qu'il quittait de temps en temps pour jeter un coup-d'œil autour de lui. Ses domestiques, pendant ce temps, faisaient le guet pour voir si personne n'approchait. L'un d'eux monta sur le pan de mur que vous voyez et jeta un rapide coup d'œil sur le pays environnant; puis, s'étant assuré que tout était désert, il revint trouver son compagnon, qui déjà s'était couché sur l'herbe et fumait sa pipe.

— Eh bien! qu'est-ce que tout cela a de commun avec la chèvre d'or? dit Ulric impatienté.

— Voici, Monsieur : Le lendemain et les jours suivants, l'étranger revint seul, s'assit à la place la plus déserte des ruines, et ouvrit un livre dans lequel il se mit à lire en faisant de grands gestes. Par moments il jetait là le livre, et alors il parlait à la terre, au ciel, aux voûtes écroulées; mais rien ne venait. Alors il laissait tomber son front dans sa main et restait immobile et noyé dans ses pensées.

— Mais où étais-tu pendant ce temps, toi, pour voir tout cela?

— Dans la tourelle là-bas, dont l'escalier est rompu et où nul autre que moi n'oserait se hasarder, dit le paysan avec un sourire d'orgueil. Or, il y a huit jours, l'étranger revint prendre sa place accoutumée à l'entrée des caveaux de la chapelle.

Cet endroit est un des plus dangereux des ruines, car la voûte du chœur, dans la partie qui touche à la nef, montre une trouée de plus de cinquante pieds à travers laquelle on voit le ciel. Tout le reste de la voûte est couvert d'une véritable forêt de sapins, dont les racines ont traversé les pierres, qui, sans cela, s'ébouleraient. L'étranger s'assit donc sur un chapiteau de colonne et commença sa lecture ordinaire dans son grand livre. Mais voici que tout à coup le ciel s'obscurcit; une tempête horrible siffle dans les ruines et courbe les sapins qui croissent sur la voûte de la chapelle. La tourelle où j'étais réfugié semblait se mouvoir sous les coups redoublés du vent. Du lieu où j'étais, je voyais à travers la brèche de la voûte du chœur, l'étranger se promener en parlant à haute voix à son livre, sans s'inquiéter de la trombe qui broyait les arbres sur sa tête. Un moment le vent sembla s'apaiser; mais soudain il redoubla avec une telle furie, qu'on eût dit que l'air était plein de démons rugissants. Les pierres tombaient dru comme la grêle, les sapins se brisaient avec des craquements terribles, et l'ouragan emportait les branches à travers les ruines. Tout à coup un bruit sourd domina celui de la tempête; on eût dit l'explosion d'une mine. Je regardai épouvanté: c'était la voûte de la chapelle qui venait de s'écrouler! Au milieu d'un vaste amas de pierres qui remplissait le vide des murailles, on voyait poindre quelques sommets de sapins brisés et ensevelis sous une montagne de décombres qui devaient aussi recouvrir le corps du malheureux étranger...

— Sans doute, dit Ulric, vous vous êtes empressé de porter secours à cet homme?

— Je ne suis pas de ceux qui veulent jouter avec Satan, dit le paysan : je compris que cet homme avait été victime de son ignorance dans la magie, qu'il avait mal fait son incantation, et que le diable l'avait écrasé sous les débris de la voûte. Comme personne n'avait été témoin de cette scène, je pensai que je pourrais devenir riche et heureux si je pouvais me procurer le livre de l'étranger. Le caveau devant lequel l'inconnu s'était assis avait une autre entrée; je m'y glissai, et à la porte qui donnait sur le chœur, je vis sous un monceau de pierres ensanglantées sortir une main qui tenait un livre. Je fis un signe de croix, et je l'arrachai aux doigts qui le retenaient. Puis, je couvris avec des pierres cette main noire qui me faisait peur, et j'emportai le livre chez moi.

Il y avait dans la relation du paysan de quoi émouvoir et intéresser une nature moins portée au merveilleux que celle d'Ulric. Cette tempête, cet inconnu écrasé sous les ruines d'une chapelle, ce livre mystérieux, tout cela ébranla fortement l'imagination du jeune homme.

— Et que contient ce livre, dit-il au paysan, pour que vous ayez eu le courage d'aller le chercher au prix d'un sacrilége, en l'arrachant aux mains d'un cadavre?

— Je ne suis pas assez sot, — dit le pâtre d'un air dans lequel perçait cette défiance instinctive qui remplace les lumières de l'éducation, chez les classes agricoles, — je ne suis pas assez stupide pour aller le montrer au premier venu, qui y trouverait le moyen d'enlever le trésor caché dans les ruines, et me dirait ensuite : Mon cher Wilhelm, votre livre est un livre comme tous les autres, et il n'y a pas plus de trésor dans les ruines d'Heidelberg que dans l'armoire du maître d'école du village. — Non, fit le pâtre en s'animant, je veux être riche, avoir de grands bois pour y chasser le chevreuil sans craindre les gardes. Je veux être riche, pour rendre à mon maître tous les mépris qu'il m'a prodigués et toutes les insultes qu'il m'a fallu subir depuis que je garde ces maudites bêtes, qui broutent ici en paix toute la journée et engraissent à vue d'œil, tandis que la faim m'a collé la peau sur les os et que la haine m'a mis un enfer dans le cœur!

En parlant ainsi, le regard du pâtre brillait d'un feu sombre; il brisait avec rage, au moyen de son bâton ferré, les églantiers et les mûriers sauvages qui croissaient au milieu des ruines. Après un silence de quelques minutes, il releva la tête en regardant Ulric, et lui dit de cette voix humble et caressante de l'homme qui sent sa faiblesse et qui comprend qu'il ne peut rien sans le secours d'autrui :

— Tenez, mon jeune maître, je ne sais ce qui me pousse vers vous et pourquoi vous m'inspirez cette confiance qui m'a porté à vous révéler un secret d'où dépendent ma fortune et la vôtre si vous voulez me seconder; mais votre figure triste et douce m'a frappé, et en vous voyant venir ici tous les jours rêver et parler tout haut, j'ai compris que comme moi vous aviez à vous plaindre de la fortune ; que comme moi vous cherchiez le trésor de la chèvre d'or, mais qu'il vous manquait le *véritable livre* au moyen duquel on peut seul la faire sortir du caveau secret dans lequel elle est renfermée. Or, jurez-moi sur votre baptême de partager le trésor loyalement avec moi, de ne pas chercher à abuser de mon ignorance, et je vais vous chercher le livre à l'instant.

— Mon ami, dit Ulric vivement intrigué par l'air de conviction du pâtre, vous êtes un pauvre esprit malade et votre cœur nourrit de mauvaises pensées. Ce livre qui, selon vous, doit vous mettre en possession d'un trésor n'est, à coup sûr, qu'un livre ordinaire, ou bien un tissu de fables sacriléges au moyen desquelles des hommes impies espèrent évoquer les esprits de l'abîme. Allez me chercher ce livre, et je vous promets, s'il doit vous donner un trésor, de le partager avec vous en loyal Allemand.

— Bien sûr? fit Wilhelm d'un air de doute.

— Je vous le jure! fit Ulric d'une voix grave.

— Alors, suivez-moi, dit le pâtre. Je ne suis qu'un rustre, que le dernier des bouviers; mais, si vous me trompiez jamais, je saurais me venger, fussiez-vous un comte palatin de l'Empire!

IV

Wilhelm, ayant dit quelques mots à son chien, s'élança dans la direction de la chapelle écroulée. Les débris de la voûte de la nef principale obstruaient le portail et empêchaient l'entrée des bas côtés qui étaient restés intacts. Ulric gravit, sur les traces de son compagnon, les ruines, au milieu desquelles se montraient, çà et là, les cimes des sapins brisés. Arrivés au sommet de l'éboulement, ils redescendirent dans l'une des nefs latérales, à moitié comblée par les décombres, et le pâtre ouvrit une porte qui donnait sur un cloître pavé de pierres tumulaires cachées dans les hautes herbes. Au moyen de son bâton ferré, il souleva la dalle d'une tombe, et, plongeant son bras dans l'intérieur, il en retira un livre dont l'apparence extérieure, ainsi que la forme de la reliure ne semblaient pas remonter au delà de quelques années.

— Donnez-moi ce livre, dit Ulric, je vais vous dire en un instant ce que pèsent vos espérances d'ambition et de fortune.

— Pas ici! pas ici! dit Wilhelm d'une voix mystérieuse et sourde; — pas ici, cela pourrait nous porter malheur! et puis il ne faut pas lire ce livre sans préparation, ni au hasard; c'est cette ignorance des règles qu'il faut observer, qui a poussé les démons à écraser l'inconnu sous les ruines de la chapelle.

Ulric subissait, sans s'en douter, l'influence de la foi profonde de son compagnon à la puissance du livre mystérieux... puis ce cloître, ces ruines, ce manuscrit confié au sépulcre, après avoir été arraché des mains d'un cadavre, toutes ces circonstances agissaient, sinon sur son esprit, du moins sur ses nerfs. Il suivit donc son guide, et tous deux arrivèrent bientôt devant le porche de la chapelle, autour de laquelle le troupeau de Wilhelm broutait en paix sous la garde du chien noir.

Le soleil allait se coucher et éclairait d'une lueur sanglante les hautes murailles de la chapelle, sur le faîte desquelles des freux et des corneilles semblaient converser d'une voix rauque. Ulric s'assit sur une pierre, prit le livre des mains de Wilhelm, qui, avant de lui confier le précieux trésor, lui rappela son serment, que le jeune homme, dévoré d'impatience et de curiosité, ratifia de nouveau avec des paroles solennelles.

Wilhelm s'assit vis-à-vis d'Ulric, de manière à pouvoir interroger du regard toutes les modifications de la figure du jeune homme et scruter sa pensée la plus secrète. Toujours défiant, il craignait, malgré le serment d'Ulric, que celui-ci ne cherchât à le tromper sur l'importance du livre mystérieux. Il était donc là, les yeux rivés sur la figure de son compagnon, et maudissant son ignorance qui le forçait à admettre un étranger dans un partage pour lequel il avait commis une sorte de sacrilége.

Ulric ouvrit le livre avec une sorte de crainte, et jeta un rapide coup d'œil sur le titre. C'était un manuscrit d'une belle écriture allemande, qui semblait dater du XVIIe siècle; la première page portait pour titre :

TRÉSOR DES NIEBELUNGEN,

Recueil de traditions germaniques réunies pour la première fois sous la forme de trilogie dramatique, par...

Une large tache de sang, mêlée à la poussière de la chaux, maculait et rendait illisible le nom de l'auteur.

Ulric parcourut rapidement ce mystérieux manuscrit dans lequel il voyait réunis pour la première fois, sous une forme dramatique, les admirables fragments que l'Allemagne possède de ses vieux chants héroïques. Son regard parcourait ces pages dans lesquelles un style mâle et fier comme celui de Schiller, pur et limpide comme celui de Gœthe, s'unissait à la contexture dramatique la plus savante. Quoique initié à toutes les beautés de la littérature allemande, Ulric ne put s'empêcher de pousser un cri d'admiration, en lisant cette œuvre dans laquelle se reflétait tout l'âpre et fier génie du Nord, embelli et rehaussé de tout le prestige de l'art le plus savant et le plus ingénieux.

Le cri d'Ulric n'avait pas échappé à Wilhelm. Il se rapprocha brusquement de son compagnon, en l'interrogeant du regard.

— Oh ! s'écria Ulric, électrisé par la beauté d'un poëme dont personne en Allemagne ne soupçonnait l'existence, voila un livre dont chaque page est le fleuron d'une couronne immortelle ! un talisman magique dont les paroles enchaîneront la fortune et la gloire sur les pas de son heureux possesseur !

Wilhelm, l'œil en feu, la poitrine haletante, dévorait les paroles du jeune homme, qui semblait avoir oublié la présence de son compagnon et feuilletait avec une sorte de fièvre, le manuscrit posé sur ses genoux.

— Eh bien, dit Wilhelm, vous voyez que je ne vous avais pas trompé, lorsque je vous disais que ce livre devait nous rendre assez riches pour acheter une principauté, ou au moins un duché. Dire que chaque mot de ce volume va nous rendre seigneurs et maîtres de toutes les joies de la terre! Hourra pour la chèvre d'or! si elle se montrait en ce moment à moi, je lui baiserais le sabot, bien qu'il soit fendu comme celui de Satan! Arrière les vaches crottées et les porcs fangeux, et vivent l'or et la bonne chère!

Ces paroles, inspirées par une pensée sensuelle et grossière, firent tomber Ulric des hautes régions dans lesquelles planait son esprit. Son enthousiasme se glaça au contact de cette cupidité rapace qui ne songeait qu'à l'or et ne voyait rien au-delà des voluptés terrestres. Puis une pensée étrange venait de poindre dans les profondeurs de son âme! Ce poëme dont nul n'avait connaissance et dont l'auteur gisait enseveli sous une montagne de ruines, qui l'empêchait d'y puiser quelques fragments, d'abord sous un nom supposé, pour éprouver la curiosité publique et acquérir la conviction que nul au monde, excepté lui, n'en soupçonnait l'existence?... Et s'il en était ainsi, disait le serpent de l'orgueil qui dressait déjà sa crête dans un des plus sombres replis de son cœur, qui l'empêcherait d'attacher son nom à cette œuvre, et de prendre place d'un seul bond à ces hauteurs sublimes où siégent Homère, Shakspeare, Dante et Schiller?

Cette pensée avait traversé comme un éclair l'esprit d'Ulric, et tandis que son compagnon se livrait aux élans de sa joie brutale, il se reprochait déjà son enthousiasme de poëte, dans lequel Wilhelm ne pouvait manquer de voir autre chose que l'ivresse de la cupidité et la joie farouche de l'homme auquel le hasard vient de donner la clef qui ouvre les portes de tous les Edens terrestres.

Ce fut donc d'un air embarrassé et le regard mal assuré, qu'Ulric répondit à son compagnon :

— Il m'en coûte de vous détromper, mon pauvre Wilhelm ; ce n'est pas ce que vous pensiez. Il n'est question dans ce livre ni de trésor, ni de chèvre enchantée, ni de richesses à acheter un duché; c'est un recueil de vieilles chansons allemandes et....

— Votre voix me dit que vous mentez! dit Wilhelm avec colère, et vous voulez garder pour vous seul le trésor; mais, par le diable, il n'en sera pas ainsi! De vieilles chansons! Me prenez-vous donc pour une loutre, pour me faire de pareils contes? Donnez-moi ce livre, et je trouverai, Dieu merci, de plus honnêtes gens que vous qui seront trop heureux de partager avec moi une fortune qui leur permettra d'avoir des vignes sur la montagne et des châteaux dans la vallée!

— Doucement, l'ami! fit Ulric en repoussant tranquillement la main du pâtre. Ce livre est certes très-précieux, mais pas dans le sens que vous lui prêtez, au moins. Il n'y est pas question de trésor, je vous l'assure.

— Vraiment! dit Wilhelm avec ironie; mais s'il en est ainsi, pourquoi, après y avoir à peine jeté les yeux, vous êtes-vous écrié comme un fou que chaque page était le fleuron d'une couronne et que le livre était un talisman magique qui devait donner la fortune et la gloire à son possesseur? Vous avez donc déjà oublié vos paroles, maître? Quant à moi, elles sont restées là! fit le pâtre en se frappant le front. Du reste, je vous le répète, rendez-moi ce livre. D'autres que vous me diront ce qui me reste à faire.

Ulric jugea d'un coup d'œil sa situation: détruire l'impression que sa parole enthousiaste avait faite sur l'esprit du pâtre, était chose impossible et dangereuse. La croyance de celui-ci à la mystérieuse puissance du manuscrit que tenait Ulric et à l'existence d'un trésor, était comme ces pieux profondément plantés en terre et qu'on enfonce davantage en cherchant à les ébranler. D'autre part, rendre à Wilhelm ce poëme sur lequel sa pensée venait d'échafauder en un moment tout un avenir de fortune et de gloire, c'était renoncer follement à une de ces rares faveurs que la fortune garde à ses mignons; c'était faire connaître l'existence d'un trésor littéraire que nul ne soupçonnait, et qu'il pouvait s'approprier sans danger. Et cependant il fallait à tout prix le garder et le soustraire à tous les regards! Mais Wilhelm était là, rapace et menaçant comme un loup guettant une proie, et le bras tendu vers Ulric, il attendait que celui-ci lui remît le talisman qui devait éveiller la chèvre magique de son sommeil séculaire et lui faire livrer l'or confié à sa garde.

Une noire et sinistre pensée traversa l'esprit du jeune homme : si le pâtre, malgré ses paroles, ses prières, allait persister dans sa détermination; si son aveugle cupidité allait livrer à l'examen d'un tiers, ces chants héroïques qu'une voix secrète lui disait n'être connus que de lui seul? Alors, adieu ses rêves de gloire et d'ambition et toutes les magiques féeries évoquées par son orgueil en délire!

Ce fut donc avec un dépit mal déguisé sous les apparences d'une fausse bonhomie qu'Ulric répondit au pâtre qui, l'œil plein de défiance, attendait sa réponse en serrant de la main droite son bâton ferré:

— Vous vous êtes trompé sur le sens de mes paroles, mon cher Wilhelm, vous avez mal interprété mon enthousiasme; certes, entre mes mains ce livre pourrait avoir quelque valeur, mais entre les vôtres il ne serait guère plus précieux que ces feuilles mortes que nous foulons aux pieds.

— Et pourquoi cela? dit le pâtre. Parce que vous savez y lire? Eh bien, alors, dites *les paroles!* Le soleil n'est pas encore couché et l'on y voit assez pour distinguer un tonneau d'or, d'un tas de moellons.

— Vous ne voyez donc rien de plus précieux au monde que l'or, dit Ulric avec une dédaigneuse ironie qui ne pouvait guère percer l'enveloppe grossière du bouvier.

— Tiens... dit Wilhelm avec un rire bruyant, que voulez-vous donc qu'il y ait de plus précieux? — Avec de l'or j'aurai des terres, des châteaux, de beaux habits, et mes camarades d'aujourd'hui ôteront leur chapeau quand je passerai devant eux, précédé d'un chasseur emplumé comme celui du comte de Rheinstein. Trouvez-moi donc beaucoup de choses qui aient cette puissance de faire d'un bouvier crotté comme moi, un grand seigneur auquel les belles dames ne dédaigneront pas de sourire!

— Mais en admettant pour un moment, dit Ulric, qui voulut interroger une des cordes les plus sensibles de l'esprit du paysan allemand, en admettant que ce livre ait la vertu que vous lui supposez, qui vous dit que ce trésor ne vous coûtera pas votre repos dans ce monde et votre salut dans l'autre?

Le pâtre demeura un moment rêveur et parut s'interroger.

— Songez, dit gravement Ulric, que les trésors confiés à la terre sont gardés par des génies malfaisants et que le démon n'en est pas moins le démon, pour vous apparaître sous les formes d'une chèvre, fût-elle d'or.

— Dites *les paroles* hardiment! fit Wilhelm, en relevant la tête avec assurance; je ne crains rien! J'ai là une croix bénite qui a touché les os des trois Rois de Cologne. Et puis, je suis baptisé, et le diable ne peut rien sur ceux qui ont foi en leur baptême, à ce que dit notre curé. Et, après tout, quand je serai riche, je ferai bâtir une chapelle à saint Hermann, et dire des messes pour le remède de mon âme. — Dites *les paroles*, maître! et dépêchez-vous, car voilà le soleil qui s'enfonce là-bas derrière la colline, et les chauves-souris des ruines commencent à voler autour de nous.

L'obstination stupide du pâtre revenant toujours à son thème favori, irrita Ulric. Il souffrait dans son orgueil et dans sa vanité de voir la pierre angulaire de son avenir livrée à la merci d'un être cupide, et dont l'aveugle superstition ne voyait dans ce manuscrit qu'un talisman renfermant des paroles magiques au moyen desquelles la terre devait s'ouvrir et rendre les trésors confiés aux gnomes infernaux. Puis il sentait vaguement que Wilhelm était un témoin dangereux de l'œuvre de mensonge qu'il allait entreprendre; et un témoin dans une circonstance pareille était un ennemi dont un seul mot pouvait renverser tout l'édifice de sa future renommée.

— Vous êtes un fou à qui l'ambition et l'avarice ont tourné la tête, dit Ulric avec aigreur; ce livre n'est pas un livre de magie, et je vous le lirais d'ici à demain, qu'il ne vous tomberait pas un kreutzer ni un pfenning du ciel.

— Alors, puisqu'il en est ainsi, dit le pâtre, rendez-le-moi. Je sais ce que je sais, moi! et je suis bien bon de vous admettre au partage d'une chose à laquelle vous n'avez aucun droit. Donc, rendez-moi le livre et allez-vous-en!

— Tenez, dit Ulric, vous êtes un pauvre cerveau malade auquel on ne peut faire entendre raison. Mais comme il est juste que vous tiriez quelque prix de votre trouvaille, voici un frédéric d'or pour votre bouquin qui ne vaut pas, certes, un thaler!

— Vraiment! fit le pâtre en ricanant, vous payerez un frédéric d'or ce qui ne vaut pas un thaler, et cela à un homme que vous ne connaissez pas... Et vous me croyez assez stupide pour ne pas voir toute la grossièreté de votre fourberie! Par le diable! je croyais les docteurs de l'université moins maladroits! Or, je vous le demande pour la dernière fois, rendez-moi ce livre! Il y a déjà du sang sur un des feuillets, prenez garde qu'il n'y ait aussi du vôtre!

Et joignant le geste à la parole, Wilhelm s'avança en brandissant son bâton ferré, arme terrible dont une seule atteinte pouvait être mortelle. En voyant le bouvier marcher vers lui dans cette attitude insultante, le sang patricien d'Ulric s'alluma. Sa narine frémit et son œil flamboya. Il jeta un rapide coup d'œil autour de lui, comme pour étudier le champ de bataille. Derrière lui étaient les ruines de la chapelle; Wilhelm, au contraire, tournait le dos aux remparts démantelés du château, qui, bâti sur le roc vif, s'élevait à plus de cent cinquante pieds au-dessus de la vallée. Aucun vestige de muraille ne restait en cet endroit, l'un des plus dangereux des ruines, tandis que derrière Ulric, les restes du rempart s'élevaient à trois ou quatre pieds du sol. Le jeune homme recula de quelques pas, en serrant d'une main le manuscrit comme un bouclier, tandis que sa main droite cherchait dans sa poche un de ces forts poignards de Solingen, *vade mecum* des étudiants allemands, arme innocente, il est vrai, et qui ne s'est ensanglantée qu'une fois dans la poitrine de Kotzebue. Le pâtre rugit de fureur en voyant la lame meurtriere dans la main du jeune homme.

— Ah! tu veux m'assassiner pour mieux me voler ensuite; mais, par le diable, tu n'en es pas où tu penses avec moi, et ton morceau de fer ne me fait pas peur!

En achevant ces paroles, Wilhelm détacha un terrible coup de gourdin au jeune homme, qui l'évita en sautant de côté. Le bâton, en tombant à faux, se brisa sur les pierres écroulées. Ivre de rage, le rustre se précipita sur Ulric pour l'assommer avec le tronçon qu'il tenait à la main; mais dans ce moment son pied chancela sur les débris; il saisit Ulric par la gorge pour se retenir et l'entraîna avec lui dans sa chute. Ce fut pendant un moment une lutte désespérée, sourde et sans pitié, le pâtre s'efforçant d'étrangler le jeune homme dans ses mains calleuses, celui-ci cherchant à se dégager de l'étreinte mortelle de son ennemi. Enfin, sentant l'impuissance de ses efforts et râlant sous l'étau animé qui lui serrait la gorge, Ulric, poussé par un sentiment instinctif de conservation, enfonça son poignard jusqu'à la garde dans le cœur de son ennemi. Celui-ci poussa un profond gémissement, ses mains s'ouvrirent, et il roula sur le gazon à côté d'Ulric à moitié évanoui.

Pendant le temps qu'avait duré la lutte, le soleil s'était couché et les ombres du soir étaient descendues sur les ruines. L'air frais de la nuit ranima le jeune homme et lui rendit, avec le sentiment de son existence, le souvenir de l'affreuse lutte dont il venait de sortir vainqueur. Il se releva, comme s'il eût été mu par un ressort, et vit avec horreur le corps inanimé de Wilhelm gisant sur le gazon. La lune, un moment voilée par des nuages pluvieux, dégagea en cet instant sa corne brillante, et Ulric vit avec effroi que ses mains étaient rouges de sang. A ses pieds était le livre fatal sur lequel s'étaient déjà roulés deux cadavres, et dont les pages venaient, sans doute, d'être souillées de sang pour la seconde fois !

La tête d'Ulric bouillonnait sous un torrent de pensées fiévreuses. Il cherchait à douter de la réalité de son existence et de l'action sanglante dont il venait de se souiller. Il se baissa pour regarder le pâle visage du pâtre, mais il n'y vit qu'un spectacle plus horrible encore que la mort, c'est-à-dire la haine dans la mort, la haine farouche et pétrifiée survivant à tout sentiment et paraissant n'attendre que la trompette de l'ange pour se réveiller implacable et altérée de vengeance.

Ulric ramassa rapidement le manuscrit fatal et s'enfuit des ruines avec son funeste trophée. Il descendit en courant toute la route escarpée qui conduit à la vallée, n'osant regarder derrière lui, de peur de voir sur ses traces une menaçante et livide figure. Arrivé dans la vallée, il se lava les mains dans un ruisseau, rajusta le désordre de sa toilette et prit le chemin de la ville.

Dix heures sonnaient à tous les clochers lorsqu'il atteignit le seuil de sa demeure. Il franchit d'un pas muet et rapide, les marches qui conduisaient à sa chambre, et ouvrant précipitamment la porte, il se jeta sur son lit, brisé, anéanti, mais ayant toujours devant les yeux l'implacable figure de Wilhelm couché dans les ronces, la face tournée vers le ciel, comme pour le prendre à témoin contre son meurtrier.

V

C'est une chose singulière et inexpliquée que ce voile brillant ou sombre que les divers états de l'âme jettent sur les objets qui nous entourent. La petite chambre d'Ulric, la veille encore gaie et riante, semblait avoir revêtu le deuil de son âme. Le remords s'était assis à son foyer comme un hôte implacable et muet. Tous ces mille riens forment autant de liens de la vie intime et qui semblent prendre une voix amie dans le silence de la méditation ou de l'étude, ses armes, ses meubles, ses pipes, ses livres, semblaient maintenant le contempler avec terreur. Le silence lui-même avait une voix ; l'ombre se peuplait de formes menaçantes. Ulric sentit le besoin de s'arracher au supplice de sa pensée; Franck et Max n'étaient pas encore couchés, et l'on entendait la voix sonore et joyeuse de ce dernier chanter ce couplet d'une vieille chanson allemande :

« Quand tu verras mon amoureuse, dis-lui bien que je la salue.
« Si elle demande comment je vais, dis-lui, sur mes deux jambes.
« Si elle demande si je suis en santé, dis-lui que je suis mort.
« Si la belle se met à pleurer, dis-lui que j'irai la voir demain. »

Ulric chercha à se donner une contenance en harmonie avec la disposition d'esprit qui semblait animer ses amis, et entra.

— Voici notre poëte, dit Max en tendant à Ulric une main bienveillante. — Savez-vous bien, messieurs, que si nous avions un peu de cœur, l'existence laborieuse et calme de notre ami devrait nous être un remords vivant! Tandis que nous fumons comme des pandours, que nous buvons comme des éponges, et que notre principale occupation est d'errer par les rues comme des ramasseurs de barbets, notre ami Ulric lit, médite, travaille, interroge les chroniques poudreuses de la vieille Allemagne, et élève dans sa pensée une de ces œuvres qui permettent à un homme de dire : Maintenant, Dieu peut me rappeler à lui, car j'ai assez vécu ! — Nous autres, au contraire, que faisons-nous ? Nous prodiguons follement notre intelligence et notre jeunesse à des billevesées, à des femmes, à des duels, à des pipes. Nous savons où trouver la meilleure bière de Bavière, quel est le marchand qui vend les meilleurs cigares, quel est le tailleur qui possède la coupe la plus élégante ; bref, nous vivons comme des chenapans sans intelligence de l'avenir et qui s'imaginent que Dieu les a mis au monde pour boire, fumer, faire l'amour et casser les verres ! Tiens, Ulric, fit Max en jetant avec humeur sa pipe sur la table, si je ne t'aimais pas comme je t'aime, je te détesterais comme un contraste vivant, qui me rend plus poignant le sentiment de mes infirmités intellectuelles et morales ! Messieurs, je propose un toast à notre ami, à ses futurs triomphes !

Et la large coupe de Bohême fit le tour du cercle, tandis qu'Ulric, serrant la loyale main de Max, se demandait tout bas s'il révèlerait à ce noble cœur son aventure de la soirée, ou s'il garderait, avec le secret de cette action sanglante, celui du mystérieux manuscrit qu'il avait conquis au prix d'un meurtre, et que maintenant il n'osait entr'ouvrir, comme s'il eût dû lire dans ses pages sanglantes l'arrêt que murmurait déjà sourdement sa conscience.

— Eh bien, rêveur! dit Max à Ulric tandis que celui-ci contemplait avec un sentiment d'envie et de regret le calme profond et la douce sécurité qui animaient la figure de ses amis, avances-tu dans ton œuvre et pourrons-nous bientôt découronner ce vieux païen de Gœthe pour ceindre ton front vainqueur?

— Les temps sont propices aux poëtes, dit Franck, d'une voix grave; de nos jours, le Tasse eût fait faire antichambre à Éléonore d'Este. Les peuples ont enfin compris la royauté de l'intelligence, et ils saluent dans leurs poëtes les véritables oints du Seigneur, tandis que nous savons ce qu'ils pensent des royautés sacrées sur la borne des carrefours!

—Laissez faire notre Ulric, dit Max; il se révèlera un de ces jours par un coup de tonnerre qui précipitera le Jupiter Olympien de Weimar de son trône de mythes et de symboles.

Ces paroles sortant de bouches amies, allèrent réveiller la vipère de l'orgueil, un moment endormie dans l'âme d'Ulric. Cette gloire qu'il avait rêvée dépendait de lui seul maintenant. Cette couronne de poëte qu'il avait ambitionnée, elle était là toute tressée, et lui seul pouvait voir la tache homicide qui en ternissait l'éclat. Il passa la main sur son front, comme pour en chasser une idée importune, et, s'adressant à ses amis, leur demanda ce qu'ils pensaient d'une vaste trilogie dramatique dont le sujet serait emprunté aux Niebelungen.

— Je pense, dit Franck, que l'idée à elle seule est une de ces inspirations que la muse n'accorde qu'à ses élus. Et si tu sais conserver dans ton œuvre, la grandeur sauvage, la rude et fière poésie de ces chants, tout en leur imprimant un beau développement dramatique, je m'inclinerai devant ton, génie et l'Allemagne saluera en toi l'Homère de l'épopée germanique.

— Eh bien, frères! dit Ulric, si vous voulez réunir dans quelques jours nos amis communs, j'aurai le plaisir de vous lire quelques fragments d'un travail...

— Qui a dû te donner plus d'une migraine, mon pauvre ami, dit Max, avec effusion. Vois-tu, je ne connais les douleurs de la gestation poétique que par ouï-dire, car Dieu me pardonne si j'ai jamais fait violence à ces bégueules de Muses autrement que pour leur arracher quelques méchantes chansons dans lesquelles je faisais rimer le *vin* avec le *Rhin*.

— Et pourquoi ne nous lirais-tu pas quelque chose ce soir? dit Franck...; la chambre est bien close, le vent hurle au dehors; nous voici tous dans les dispositions les plus bienveillantes, prêts à l'ouïr, à te conseiller, à t'applaudir, selon l'occurrence.

— Bien parlé! s'écria Max; et pour ne pas te déranger, dis-moi où tu as placé ton manuscrit. En trois bonds, je suis à ta chambre; en un saut, je suis de retour.

A cette proposition, Ulric sentit tout son sang refluer vers son cœur. Il s'élança, pâle et tremblant, au-devant de son ami, en balbutiant d'une voix étranglée par la terreur :

— Non! pas ce soir, pas ce soir, frère! J'ai besoin de revoir encore ce que j'aurais voulu lire, et puis, je suis fatigué, malade même, et je sens le besoin de me reposer.

— En effet, dit Franck, ta figure est pâle et altérée; tes yeux brillent comme si tu avais la fièvre. Tu auras trop longtemps porté le harnais poétique aujourd'hui, mon pauvre trouvère; va te coucher, et demain tu nous liras ton œuvre.

Ulric respira profondément en voyant ses amis renoncer à leur projet plus facilement qu'il ne l'avait espéré d'abord. Une circonstance imprudente pouvait révéler son secret et compromettre à la fois sa sûreté et son avenir. Il se retira donc, non sans penser avec terreur qu'il allait se retrouver face à face avec ce sanglant témoin dont il avait fui la présence et vers lequel l'attirait une fatalité étrange.

Arrivé dans sa chambre, Ulric s'assura qu'aucun regard indiscret ne pût arriver jusqu'à lui; puis, s'étant jeté sur son lit, il se mit à réfléchir à sa position.

La soif de la renommée l'avait poussé à un acte coupable que sa raison s'efforçait de justifier en n'y voyant que la conséquence de l'instinct de conservation. Et maintenant la vanité venait de lui rendre tout retour vers la vérité impossible. En confiant à ses amis l'existence d'une œuvre sur laquelle il fondait son avenir, il s'était rivé à son mensonge par une chaîne indestructible. Reculer était chose hasardeuse, et le serpent murmurait à son oreille que le bruit de sa gloire étoufferait bientôt l'importune et fâcheuse voix qui troublait ses pensées. Et puis, nul témoin ne pouvait l'accuser, à moins que le poignard ne prît une voix, ou que les corbeaux des ruines ne vinssent témoigner contre lui. Il s'arma d'une résolution énergique et décida qu'il ferait paraître, le lendemain, un premier fragment de la trilogie dramatique des Niebelungen, sous un nom supposé, afin d'éprouver le public et de savoir si un autre que lui avait quelque connaissance de l'existence du mystérieux manuscrit.

Cette détermination prise, il se sentit plus fort, son sang circula plus librement : il alla prendre tranquillement le livre et se mit à l'examiner avec la froide curiosité d'un bibliophile.

L'ouvrage entier était écrit d'une main ferme et nette. Le titre du livre indiquait que nul autre copie n'en existait. Le nom de l'auteur disparaissait, comme nous l'avons dit, sous une large plaque rougeâtre.

Ulric se mit à l'œuvre et passa une partie de la nuit à copier des extraits du manuscrit, non sans s'arrêter de temps en temps, comme ébloui par les sublimes beautés de ce poëme auprès duquel pâlissaient Byron et Schiller. Parfois, il s'arrêtait pour lire tout haut ce qu'il venait d'écrire; mais alors sa voix lui causait une étrange et indéfinissable impression de terreur..., et des murmures moqueurs semblaient circuler autour de lui. Il travailla jusqu'à ce que l'aube vînt blanchir le ciel; puis, brisé par les émotions de la journée et les travaux de la nuit, il se jeta tout habillé sur son lit, où il s'endormit bientôt d'un lourd et profond sommeil.

Le premier fragment qui fut publié en Allemagne de la trilogie dramatique des Niebelungen, produisit une sensation profonde. Chacun se demandait avec anxiété quel était le poëte original et hardi qui se cachait sous un pseudonyme, alors qu'il lui eût suffi de se nommer pour être salué par les acclamations de la foule. Hormis Franck et Max, les deux amis d'Ulric, nul ne savait à qui attribuer cette œuvre étrange d'où s'exhalait comme un sauvage parfum de l'héroïque barbarie de la Germanie primitive, et dont le style, souple et vigoureux, mais toujours coloré, revêtait toutes les formes. Franck, à qui l'œuvre de son ami avait inspiré une admiration et un respect profonds, suppliait chaque jour Ulric de le dégager de son serment et de le laisser être un des hérauts de sa jeune renommée. Mais Ulric avait ses raisons pour continuer à garder un anonyme sous lequel il voulait acquérir la conviction que nul autre que lui ne connaissait le mystérieux poëme; et ce que ses amis blâmaient comme la conséquence d'une modestie outrée, n'était chez lui que le froid calcul d'une vanité tremblante de se voir démasquer un jour.

Enfin, lorsque Ulric jugea que rien ne pouvait plus s'opposer à la réalisation complète de ses desseins, lorsqu'il vit toutes les intelligences en émoi et en quête du poëte mystérieux qui se montrait dédaigneux de tant d'hommages et s'enveloppait d'ombre là où d'autres eussent demandé les mille flambeaux de la publicité, il confia à Franck et à Max son projet de réunir dans une soirée les sommités littéraires et aristocratiques d'Heidelberg et des villes environnantes, afin de soumettre à une sorte d'épreuve publique le poëme entier, dont de simples fragments avaient si vivement piqué la curiosité de tous, et dont chacun désirait voir et connaître l'auteur.

Franck et Max, auxquels Ulric avait remis le soin de tout ce qui concernait cette solennité mémorable dans laquelle il voulait révéler à l'Allemagne ce poëte inconnu dont le nom était dans toutes les bouches : Franck et Max, disons-nous, furent bientot accablés de demandes, de supplications de toute espèce. De jeunes femmes, des hommes recommandables par le caractère comme par le talent, sollicitaient comme une faveur insigne de pouvoir saluer les premiers l'astre nouveau qui s'élevait sur ce splendide horizon de l'art allemand où déjà pâlissait l'étoile de Gœthe.

Au milieu de tout ce mouvement dont il était l'objet, Ulric attendait avec d'horribles battements de cœur le moment fatal où il allait déchirer le voile qui l'avait protégé jusqu'alors. Tantôt, sa rêverie le conduisait par les sentiers fleuris d'un avenir brillant, embelli par les acclamations et l'admiration de tout un peuple : il se voyait, lui, pauvre étudiant, perdu dans la foule, recevant les hommages des rois et portant haut cette simple couronne de laurier dont les nations se montrent si avares ; puis après ces radieuses espérances tout s'enténébrait dans son âme... Il se demandait si quelque ennemi n'avait pas le secret de son crime et de sa fraude, et s'il n'attendait pas le dernier moment pour le démasquer ? Alors des frissons mortels l'étreignaient comme de froids reptiles, et il désirait mourir en maudissant le jour où il avait ouvert son âme à ses premiers rêves d'ambition!

Grâce aux soins de Franck et de Max, une réunion d'élite devait assister à cette soirée qui préoccupait toute l'Allemagne. Autour de lui, Ulric n'entendait parler que du mystérieux auteur de la trilogie des Niebelungen, et nul ne soupçonnait que cette jeune tête blonde affaissée sous la main invisible du remords, était celle pour laquelle se tressaient tant de couronnes. Parfois, comme épouvanté du triomphe qui l'attendait, il songeait à fuir et à aller cacher au fond de la Franconie les tortures de son cœur; mais alors une influence secrète semblait le retenir, et une voix douce comme celle des fées qui appellent, le soir, le voyageur à leurs danses homicides, murmurait à son oreille des paroles d'espérance, des mots magiques, et le front du jeune homme se relevait audacieux et fier, comme s'il se préparait à lutter avec le malheur.

Enfin le jour tant redouté par Ulric, tant désiré par la foule, arriva. Le baron de Reichmann, un des plus chauds admirateurs de l'auteur anonyme des Niebelungen, avait consenti à offrir ses salons pour la réunion. Franck devait introduire le poëte inconnu, pour lequel une chambre particulière avait été préparée dans l'hôtel. Un jeune artiste connu par quelques symphonies originales, avait choisi cette soirée pour révéler au public une œuvre nouvelle. Ulric, enveloppé d'un manteau qui lui couvrait la figure, avait été introduit par Franck dans une salle dont ce dernier ferma la porte à clef, en attendant le moment où il devait venir prendre son ami pour le présenter aux acclamations d'une foule impatiente et aux regards de tant de jeunes femmes dont pas une n'eût été heureuse d'abriter son amour sous cette radieuse et naissante renommée.

La chambre dans laquelle Franck venait de renfermer son ami était une vaste pièce tendue de lampas pourpré et ornée de glaces dont quelques-unes se répondaient. En entrant dans ce salon, Ulric avait jeté son manteau sur une table, et s'était accoudé sur la cheminée, laissant son esprit chevaucher au hasard à travers toutes ces folles fantaisies qui passent par un cerveau fouetté par la fièvre. Une seule lampe placée sur la cheminée éclairait faiblement la salle et laissait de grandes masses d'ombres dans les angles. Devant lui, à travers les rideaux épais, il voyait passer confusément dans les salons qui lui faisaient face, les silhouttes affaiblies des conviés qui semblaient s'agiter avec impatience. Un bruit éloigné d'instruments venait frapper son oreille, mais avec ce caractère mystérieux qu'ont les chants que nous entendons dans nos rêves ; puis sa pensée, embrassant à la fois le passé, le présent et l'avenir, lui représentait dans une suite de tableaux fugitifs et mobiles, toutes les phases de sa vie. Il se voyait jeune homme rêvant sous les chênes des forêts paternelles, — puis poëte au front couronné du camail de pourpre, figurant dans le Walhalla germanique. Parfois, mais comme une vision rapide, il apercevait les ruines du château de Heidelberg, la chapelle écroulée, la main noire et meurtrie retenant le manuscrit mystérieux... puis le pâtre couché tout sanglant sous les rayons de la lune, qui éclairaient ce cadavre menaçant dont les lèvres pâles semblaient avoir conservé le nom du meurtrier. Un malaise indéfinissable pesait à la fois sur son âme et sur son corps, et il relevait la tête pour aller ouvrir une fenêtre donnant sur la cour, lorsqu'il aperçut, debout, à l'autre angle de la cheminée, la tête appuyée sur sa main, un inconnu dont les regards étaient fixés sur lui avec un sourire étrange.

La salle dans laquelle était renfermé Ulric n'avait qu'une porte, celle que Franck avait soigneusement fermée et dont il avait emporté la clef. Personne ne pouvait donc s'être introduit dans cette chambre, et cependant là, séparé de lui par la seule longueur de la cheminée, était debout un homme silencieux, dont le pas n'avait point troublé sa rêverie et dont le regard fixe, implacable et profond, glaça Ulric jusqu'aux sources de la vie.

L'inconnu était vêtu d'un pourpoint de velours

noir; une toque semblable à celle des étudiants allemands était gracieusement inclinée sur son oreille. Une intelligence supérieure rayonnait dans toute sa figure, douée d'une beauté pour laquelle les hommes n'ont pas d'expressions; parfois, son sombre regard semblait se désarmer et se noyer dans une rêverie sans bornes, — mais, un moment après, l'étincelle ardente qui acérait sa prunelle reparaissait, et, avec elle, tous les épouvantements dont cet homme semblait être le roi!

— Vous ne m'attendiez pas? dit l'inconnu à Ulric glacé de terreur.

Un murmure inarticulé fut tout ce que purent proférer les lèvres du jeune homme. — L'inconnu reprit d'une voix grave, mais ironique :

— Savez-vous que votre audace est au moins égale à votre ambitieuse folie! Quoi!... vous voulez en un jour conquérir la gloire et la fortune, et cela sans autre peine que d'armer votre front d'impudence et de donner la rougeur de votre honte pour celle de la modestie, et le trouble de votre conscience pour l'embarras d'un débutant rompant sa première lance? Vous marchez vers la renommée en foulant aux pieds un cadavre; vous cueillez votre première palme à l'aide d'un poignard; — vous accumulez en un jour le meurtre, le vol et la fraude, et vous dites que vous ne m'attendiez pas!

Et l'inconnu se prit à sourire, tandis qu'Ulric,

épouvanté, ne savait s'il était ou non sous l'obsession d'un rêve.

— Voyons, dit l'inconnu, le temps presse. Ils sont là, fit-il en montrant du doigt les salons resplendissants où s'agitait la foule, — ils sont là trois cents, impatients de te voir... De jeunes femmes parées de fleurs, belles à faire oublier Dieu, attendent, le sein palpitant, le moment où tu daigneras sortir de ton nuage. Or, quel nom faudra-t-il jeter à cette foule?... le tien ou le mien ?

— Le vôtre, fit Ulric avec un étonnement mêlé d'effroi; — mais d'abord qui êtes-vous?

— L'un des auteurs de ce poëme, dit négligemment l'inconnu, en montrant du doigt le livre posé sur la table.... auteur modeste, rassasié de gloire et du banal encens des hommes, et qui te cèdera volontiers sa part de renommée, de peur que son nom n'éclipse le tien, s'il paraissait sur une affiche.

— Et qui me dit que tu n'es pas un imposteur? dit Ulric qui avait recouvré son audace devant cette amère raillerie.

— Ceci! dit l'inconnu... Et, tirant son gant, il montra à Ulric une main noire et sanglante.—C'est à cette main, que tu croyais pour toujours ensevelie sous les ruines de la chapelle, que Wilhelm, ce rustre cupide que tu as si bien puni, a arraché ce manuscrit qu'il regardait comme un talisman souverain. Veux-tu d'autres preuves? fit-il d'une voix moqueuse.

— Assez! assez! s'écria Ulric en portant ses mains à ses yeux; je te connais maintenant... tu es...

— Un grand seigneur qui pour le moment désire garder l'incognito; du reste, aimant les arts et la poésie, m'occupant un peu d'architecture, de chimie, mais sans préoccupations personnelles, et laissant toute la gloire et le profit de *mes œuvres* à quelques hommes d'élite que j'ai choisis dans la foule, et dont je daigne être le collaborateur anonyme pour ne pas blesser leur modestie.

— Et que demandes-tu à ceux que tu combles de tes dons? fit Ulric en pâlissant. Sans doute quelque condition sacrilége, — quelque monstrueuse profanation, comme celle que tu as imposée à tes victimes qui dorment sous les dalles de la cathédrale de Cologne! Arrière, maudit! A ce prix je ne veux pas de la gloire menteuse que tu donnes et des fruits empoisonnés dont tu combles tes adorateurs!

L'œil de l'inconnu flamboya d'une manière si terrible, que l'ombre profonde de la salle parut un moment dissipée. Cependant, il reprit bientôt sa froide et implacable ironie.

— Voilà bien la race ingrate et lâche d'Adam,

couvant des yeux l'arbre de vie, mais n'osant y porter la main! La gloire et la fortune, ces deux fruits dorés du temps, tu voulais les cueillir en un jour, mais sans danger, et tu joues l'indignation devant moi! Regarde dans ton âme! chacune de tes pensées est un crime; — regarde à tes mains! elles sont teintes du sang d'un autre ambitieux cupide, poltron, mais moins coupable que toi! Et tu ne veux pas être à moi! dis tu; mais tu as fléchi le genou devant mon pouvoir le jour où la fraude et le meurtre sont entrés dans ton cœur! Courbe donc ce front sous lequel ont si bien fleuri les semences que j'y avais déposées... tu le relèveras haut et radieux devant cette foule qui t'attend. Mais songes-y! ta réponse va faire de toi, Ulric, le poëte souverain et respecté devant lequel battront plus vite les cœurs des femmes, ou bien Ulric le meurtrier, le faussaire et le voleur, qui conquiert ses titres au génie à la pointe d'un couteau!

Pendant ces paroles, l'épouvante du jeune homme s'était accrue jusqu'à l'horreur. Les derniers mots de l'inconnu semblaient avoir donné un corps à son crime, et chacune de ses pensées lui apparaissait comme autant d'esprits de ténèbres l'entraînant vers un gouffre. — Des pas se faisaient entendre vers le corridor: c'était sans doute Franck venant chercher son ami!

— Courbe-toi, adore-moi et va jouir de ta renommée et des voluptés qui t'attendent ! dit l'étranger d'une voix stridente et brève.

— Jamais ! s'écria Ulric en s'élançant à l'autre bout de la salle, où il venait d'apercevoir un Christ d'ivoire qui semblait l'inviter à s'abriter sous son ombre protectrice. Arrière, roi de l'abîme ! il est écrit : Tu n'adoreras que le Seigneur ton Dieu !

Et joignant le geste à la parole, il se précipita à genoux devant le symbole sacré. — Les pas dans le corridor se rapprochaient de plus en plus. On entendait la voix joyeuse de Max qui semblait déjà jouir du triomphe de son ami.

L'Inconnu poussa un rugissement terrible en voyant sa victime prosternée devant le Christ, vainqueur de la mort et de l'enfer. Ses traits si beaux, où se montraient encore quelques traces d'une splendeur divine éclipsée, se contractèrent d'une manière si horrible, que le jeune homme jeta un cri d'effroi et tomba évanoui au pied de la croix au moment où Franck ouvrait la porte avec fracas.

Le cri d'angoisse poussé par Ulric avait un tel caractère de terreur, que Franck entra dans la salle en frémissant et en redoutant quelque malheur. Ce cri l'avait glacé jusque dans la moelle des os. Cependant, posant son flambeau sur la cheminée, il s'élança vers son ami, qu'il trouva évanoui, les traits empreints d'un mortel effroi. De larges gouttes de sueur glacée baignaient ses cheveux et ses tempes.

— Ulric! Ulric! s'écria Franck, en appuyant sur son sein la tête de son ami, — c'est moi, c'est Franck, ton frère!

Ulric ouvrit des yeux égarés et fixes; sa main semblait, par un mouvement instinctif, repousser loin de lui quelque chose d'odieux. Enfin, les soins de Max et de Franck le rappelèrent à la raison et à la vie.

— Oh! ne m'abandonnez pas! ne vous éloignez pas, je vous en conjure! s'écria le malheureux jeune homme en s'attachant à ses amis. — Puis, se jetant à genoux devant cette croix souveraine qui avait brisé la puissance de l'Inconnu, il fit tout haut devant ses amis épouvantés la confession de son crime et de sa coupable fraude.

— Dieu t'a pardonné, puisqu'il t'a protégé! dit Franck. Sois donc calme et fort... le repentir est une armure céleste contre laquelle Satan ne peut rien. Mais hâtons-nous de quitter cette maison où le bruit de tes cris a donné l'alarme; — toi, Max, va excuser notre ami auprès de l'assemblée, en disant qu'une terrible indisposition l'a frappé subitement et ne lui permet pas de réaliser aujourd'hui ses espérances.

— Ni aujourd'hui, ni demain, ni jamais! s'écria Ulric avec feu, — et pour te le prouver, je vais livrer aux flammes ce livre maudit où le démon avait pris la voix divine du génie pour me séduire!

Franck arrêta la main d'Ulric, qui déjà s'étendait vers la table pour saisir le livre mystérieux, et alla le prendre lui-même, poussé par un mouvement instinctif de curiosité. Il l'ouvrit... les pages étaient blanches partout; seulement une large tache de sang maculait le premier feuillet.

— Ulric! dit Franck épouvanté, Dieu t'a réservé pour de grandes choses, puisqu'il a permis que tu fusses soumis à une pareille épreuve! Souviens-toi du spectre de la tombe sans nom! Celui-là voulut aussi la gloire sans le travail et ne recueillit que l'oubli et un éternel anathème. Dans ce livre où hier encore tu lisais tes triomphes, tu ne trouves plus aujourd'hui que la trace sanglante de ton crime!

. . . .

En 1840, quelques mois après cet événement qui avait fortement ébranlé la santé d'Ulric, nous vîmes à Cologne ce malheureux jeune homme dont la raison chancelait encore sous le choc terrible qu'elle avait reçu. Franck et Max, ces nobles et loyaux cœurs allemands, ramenèrent enfin la paix et le repos dans cette pauvre âme qui avait vu de si près le gouffre où tant d'autres se sont perdues sans retour!

Chose étrange! toutes les copies du fragment de la trilogie dramatique des Niebelungen, qu'Ulric avait fait imprimer, sont, à l'heure qu'il est, perdues sans retour. Toutes les recherches des antiquaires et des bibliophiles sont restées sans résultat.

Le voyageur qui passerait aujourd'hui dans la partie la plus âpre de la Franconie, et qui entrerait dans le monastère de Moratz, entendrait parler d'un moine dont le nom est béni chaque jour par tout ce qui pleure et tout ce qui souffre.

Ce moine, qui porte sur sa figure pâlie par la pénitence et l'expiation les traces d'une lutte terrible, c'est Ulric.

FIN D'UNE HISTOIRE

DONT LE COMMENCEMENT EST BIEN CONNU.

Il y a deux choses qui m'ont toujours beaucoup occupé depuis que j'ai compris qu'un des grands bonheurs de la vie est de se bercer dans un moelleux hamac en lisant quelque naïf et charmant conteur dont la brillante fantaisie vous ravit au merveilleux pays des rêves : la première, c'est de savoir ce que sont devenus les héros des romans et des contes de fée ; la seconde de mes préoccupations est plus grave encore que la première, et surtout moins futile, et tout homme qui s'occupe, dans ses moments de loisir, à améliorer le sort de ses semblables, la comprendra à merveille. Ainsi, je renoncerais volontiers à mes droits politiques, à la gloire d'être immortalisé dans une biographie à deux francs la ligne, et à une foule d'autres voluptés aussi poignantes, pour savoir ce que sont devenus : l'anneau de Salomon, qui mettait l'enfer en rumeur comme le coup de sonnette du maître qui retentit dans l'antichambre, — le chapeau de Fortunatus, au moyen duquel on pouvait arriver en Chine la veille du départ, — l'hippogriffe d'Astolphe, le cheval Bayard, la Durandal de Roland, — la lampe d'Aladin, et ce merveilleux anneau de Gygès, au moyen duquel on écrirait de si curieux mémoires sur la vie privée de nos grands hommes et sur les beautés réelles de quelques-unes de nos grandes dames. Je donnerais enfin tout le talent oratoire de M. de Lamartine pour avoir des nouvelles de l'arc de Robin Hood, de l'épée d'Agramant, du cheval des quatre fils Aymon, du chat botté de Perrault et des bottes de sept lieues de ce pauvre diable d'ogre, lequel fut si traîtreusement mystifié par ce lutin de Petit-Poucet, qui professait si peu de vocation pour être mangé à la croque au sel.

Qu'on me montre, dans les choses qui sont l'objet des investigations de la science contemporaine, des sujets plus dignes d'exercer la sagacité et l'intelligence des académies et des commissions royales, voire même des bureaux patentés d'orthographe! qu'on me montre des travaux plus utiles au bonheur de l'humanité que ceux qui parviendraient à retrouver dans le capharnaüm d'un marchand de bric-à-brac ou dans le tohu-bohu loqueteux et poudreux d'un fripier, une de ces charmantes baguettes de fée au moyen desquelles l'impossible s'obtenait sans peine, et qui réhabilitaient l'absurde en réalisant instantanément les caprices les plus fous, les plus furieux et les plus grotesques! Or, on m'écoutera avec une religieuse attention, on fera silence dans le monde politique et littéraire, si j'ai à faire part à mes contemporains d'une découverte nonpareille, qui prouve jusqu'à quel point on peut ajouter foi aux contes de Perrault, qu'on avait rangé, jusqu'à présent, parmi ces ingénieux narrateurs pour lesquels la vérité n'est qu'une chose d'une importance fort secondaire.

Il y a des gens qui choisissent, pour voir la mer, le jour où le ciel pur et profond n'offre pas un flocon de nuage, où les vents, consignés dans leur caverne, cessent de troubler les vastes solitudes océaniques, où les flots calmes et désarmés ne portent plus le panache d'écume qui ondule sur leurs cimes rugissantes, aux jours des luttes où le vieil Océan semble escalader le ciel. Ce qu'il faut à ces touristes, gens d'ordre et de paix, c'est une mer qui reflète le calme plat éternel qui règne dans leur âme. Une ride aux flots, une tache de brume au ciel, et voilà leur bonheur gâté, perdu! Quant à nous, nous professons, en fait de contemplations maritimes, des théories tout à fait opposées; nous n'aimons pas à voir *old father Ocean*, comme disent les Anglais, en tenue de bourgeois endimanché, bien peigné, bien propret, et craignant de froisser, par un mouvement brusque, les plis blancs de son linge.

Nous n'aimons la mer que dans ses colossales étreintes avec l'aquilon, lorsque tous deux hurlent et mugissent comme des Léviathans antédiluviens. Nous aimons à voir les flots rugissants accourir des profondeurs de l'horizon comme un troupeau de lions secouant leur crinière grise, et s'élancer vers le sommet de quelque rocher qu'ils semblent vouloir prendre d'assaut; nous aimons la mer lorsque l'ouragan la laboure de son aile puissante et y creuse de vastes sillons au milieu desquels se jouent la mouette et le pétrel. Une mer en courroux est pour nous la plus terrifiante et la plus imposante des merveilles de Dieu; une mer bonasse et plate n'est plus qu'une grande route ouverte aux épiciers, et où cheminent lourdement des galéasses chargées de riz ou de café, ou des koffs aux larges ventres rembourrés de harengs et de fromage.

Donc, il y a deux mois, le temps nous parut tout à fait propice pour aller payer notre tribut d'admiration à l'Océan en courroux. A Bruxelles, il pleuvait des cheminées et des tuyaux de poêle; ce qui nous fit comprendre qu'à Ostende il ventait à décorner des buffles. La mer devait être belle et imposante, et le concert du vent et des vagues promettait des effets magnétiques que les modernes effondreurs de pianos n'ont pas encore trouvé moyen d'imiter, même en brisant vingt pédales.

Huit heures après que cette pensée nous eut traversé le cerveau, nous étions dans les dunes qui avoisinent Blankenberghe; et si notre admiration eût été forcée de prendre une voix, elle n'eût pu que se joindre au chœur tournoyant d'oiseaux marins saluant la tempête avec des cris de joie. Le ciel noir et lourd se confondait aux limites de l'horizon avec les tons sombres de l'Océan. Une ligne fauve, noyée dans des vapeurs grises, indiquait la place du soleil disparaissant à chaque instant sous les nues qui se suivaient rapides et furieuses comme de noirs bataillons aériens. Sur la mer, la lutte était plus furieuse et plus échevelée encore. L'aquilon tordait en spirales écumeuses les lames qui s'abattaient sur le rivage, tandis qu'au loin on voyait les vagues, comme des cavales échevelées.

accourir vers la grève avec des grondements, des rugissements et des clameurs à assourdir un amateur des opéras de Verdi.

Parfois, les mugissements de l'ouragan redoublaient de fureur, et le bruit des flots couvrait la voix de la foudre. Une brume sombre s'étendait entre la mer et le ciel, comme pour voiler la bataille des esprits de l'abîme contre les génies de l'air. Des lames furieuses, aiguillonnées par l'ouragan, semblaient par moments vouloir venir m'arracher de la grève, et retombaient à mes pieds en grondant comme des monstres muselés et impuissants : tout était bruit, mouvement, clameur, fureur et écume! C'était grand et beau, à tomber à genoux pour adorer Dieu dans son œuvre suprême de force et d'immensité!

— Pardieu! m'écriai-je, voici un temps qui doit faire baisser les sociétés d'assurances à l'égal du baromètre. Le vieux père Eolus a retourné son outre afin d'envoyer à la charge ses plus petits zéphyrs, ceux qui en sont encore, comme le diableteau de Papefiguières, à grêler sur le persil! A cette heure, il vaut mieux, comme disait Panurge, être planteur de choux sur terre qu'empereur en mer! Que Dieu protége la morue!...

— Et ceux qui nous la rapportent, dit une voix derrière moi.

— C'est ce que j'allais ajouter, lorsque vous

m'avez interrompu, l'ami, dis-je à une manière de marin dont le bruit des flots m'avait empêché d'entendre l'arrivée. Quand je me suis écrié : « Dieu protége la morue ! » fis-je en reprenant ma phrase, j'ai voulu dire la morue que nous attendons et ceux qui nous la rapportent, car pour la morue qui est encore à prendre, elle se sauvera bien toute seule !

— C'est égal, monsieur, dit mon compagnon avec un soupir en scrutant l'horizon du regard, ceux qui sont au large à cette heure, ne savent pas où ils se réveilleront demain !

— Avez-vous quelque parent en mer? Attend-on une chaloupe attardée ?

— Hélas! oui, monsieur; celle de mon beau-frère Jérôme, le plus beau garçon, le plus adroit, le plus intrépide pêcheur de la côte. Sa femme est malade, et chaque coup de vent la fait tressaillir, comme si elle le voyait sombrer corps et biens. La pauvre femme a passé toute la nuit en prières ; ce matin, elle m'a fait appeler en me priant d'aller à la grève pour m'assurer si quelque voile de pêcheur ne se montrait pas au large. J'ai eu beau lui dire qu'il faisait à la côte un vent à déboutonner des guêtres et que ma présence ne ferait pas arriver son mari une heure plus tôt, elle n'a rien voulu entendre, et me voilà ici, monsieur, en attendant que Dieu veuille m'amener mon pauvre Jérôme sain et sauf. Et vous, monsieur, vous attendez sans doute aussi quelqu'un?

— Moi! j'arrive de Bruxelles.

— Ah! je vois, des affaires pressantes! car il en faut pour stationner sur la grève par le temps qu'il fait.

— Eh! mon Dieu, non, mon ami! Quand je vois au baromètre que la mer va se fâcher un peu, je mets une douzaine de cigares dans ma poche et j'arrive à Blankenberghe. Voulez-vous un cigare, camarade?

— Avec plaisir, monsieur! Et vous venez comme cela de Bruxelles, pour voir la pluie et vous exposer à être enlevé par le vent? C'est une drôle d'idée, car, voyez-vous, à cette heure, il n'y a guère dehors que les douaniers, les goëlands et les mouettes!

En ce moment je vis apparaître dans une éclaircie du ciel comme un point noir, qui disparut un moment après, comme s'il s'abattait dans la courbe de la lame qui le portait.

— Tenez, m'écriai-je en montrant du doigt l'endroit du ciel où j'avais vu surgir le point noir, voilà une barque qui rentre, et je ne vois pas pourquoi ce ne serait pas celle de votre beau-frère Jérôme!

— Que Notre-Dame d'Hanswyck vous entende, monsieur! dit mon compagnon.

Et, ôtant son bonnet, il se mit à genoux, et je vis ses lèvres balbutier une fervente prière.

Je ne connais rien de plus franchement pieux qu'un matelot. Toujours en face de la mort, sa confiance en Dieu est bien autrement profonde et énergique que celle des hommes parqués dans des cités où l'on n'aperçoit les œuvres de Dieu qu'entre les sommets des maisons. Un bout de ciel gris ou barbouillé de suie, voilà, pour le bourgeois, le spécimen des merveilles de la Providence. Aussi n'est-il pas étonnant qu'il soit voltairien et esprit fort, jusqu'à sa première attaque de goutte ou d'apoplexie.

Bientôt on vit distinctement surgir entre les crêtes écumeuses des flots, une pointe de mât où flottait une flamme qui semblait, le moment d'après, s'engloutir dans le vide formé par les vagues. L'œil de mon compagnon suivait avec anxiété ces oscillations qui nous faisaient passer de la terreur à l'espoir. Enfin, la mâture entière se dégagea lentement de l'étreinte furieuse des lames, et nous vîmes bientôt distinctement les voiles brunes d'un bateau pêcheur qui volait vers le rivage avec une vélocité effrayante.

— Dieu soit loué! dit mon compagnon, c'est mon beau-frère Jérôme; je reconnais ses voiles rapiécées et son gouvernail bariolé. Si vous voulez, monsieur, rester ici jusqu'à ce qu'il ait abordé, vous me ferez grand plaisir ; dites-lui que son beau-frère Jean est venu s'assurer de son arrivée, et qu'il est allé avertir sa sœur du retour de son mari.

Je promis à l'honnête pêcheur de remplir ses instructions, et il s'éloigna en courant vers le village et me laissa seul sur la grève.

Le bateau courait vent arrière avec une rapidité qui me fit craindre pour sa sûreté, d'autant plus que le ressac des lames qui déferlaient sur la côte était terrible. Tout à coup le vent sauta à l'est ; le bateau profita de ce moment pour carguer ses voiles, et une prudente et savante manœuvre l'approcha bientôt de la côte, où une énorme lame le déposa mollement sur la grève.

Deux hommes vêtus de cabans de toile goudronnée et coiffés de chapeaux de cuir fauve sautèrent lestement à terre et amarrèrent fortement le bateau à des pilotis profondément fixés dans le sable. Tous deux ruisselaient d'eau de mer et simulaient assez bien, sauf l'eau salée, des fleuves païens prêts à assister à quelque bal masqué.

— Haloo de la barque ! m'écriai-je, le patron se nomme-t-il Jérôme ? et revenez-vous de la pêche à la morue ?

— C'est moi qui suis Jérôme ; que lui voulez-vous ? fit l'un des hommes.

— Alors mettez le cap par ici, camarade ; j'ai quelque chose à vous dire.

— Le temps d'amarrer ce câble, et je suis à vous, monsieur; je ne veux pas qu'une lame me ramasse mon bateau pour le ramener à Terre-Neuve, d'où il est arrivé avec la grâce de Dieu !

Deux minutes après, le patron de la barque se trouvait auprès de moi sur la dune. C'était un beau et vigoureux garçon de trente à trente-cinq ans, taillé en athlète, des épaules carrées, des jambes sèches et nerveuses, l'œil limpide, hardi et doux à la fois.

Sa figure, animée par le travail et fouettée par l'ouragan, rayonnait d'une joie intérieure et contenue. Cet homme avait été tanné et bronzé par tous les vents du compas et trempé aux foudres de vingt tempêtes. Il y avait en lui cette mâle assurance du marin dont l'enfance a été bercée par l'ouragan et dont l'âge mûr a été une lutte de tous les jours avec ce formidable Océan dont la science humaine est impuissante à museler les fureurs et à dompter les colères.

— Comme vous ne me connaissez pas, mon brave, dis-je au pêcheur, je vous apprendrai, en deux mots, que votre beau-frère quitte la grève, il n'y a qu'un moment, pour aller annoncer votre heureuse arrivée à votre femme, laquelle se mourait d'inquiétude.

— Et vous êtes resté sur la côte par un temps

pareil pour m'apprendre cette bonne nouvelle, monsieur ?

— Mais il me semble, camarade, que le plus exposé de nous deux, ce n'était pas moi. J'avais sous les pieds une plage solide, tandis que je tremblais à chaque instant de voir ces lames furieuses engloutir votre coquille de noix !

— Ah ! vous appelez ça une coquille de noix ! fit le pêcheur en montrant avec orgueil son bateau amarré, dont les vagues venaient lécher la quille; on voit bien que vous autres, bourgeois, habitués à percher dans des cages de plâtre, vous ne comprenez rien à notre métier. Mais avec cette coquille de noix, fit-il en enveloppant son navire d'un regard d'amour, avec cette coquille, comme vous l'appelez, je ferais le tour du monde aussi vite que *la Louise* du capitaine Petit !

Évidemment, j'avais, sans le vouloir, blessé l'orgueil du pêcheur, et, à son insu sans doute, il m'avait profondément humilié en m'appelant bourgeois. Nous étions donc au pair; aussi je repris la conversation sans aucune espèce de rancune.

— Quand j'ai dit coquille de noix, mon brave Jérôme, je n'ai rien voulu dire d'offensant pour votre barque; je craignais seulement, en la voyant aux prises avec une mer si monstrueuse, de la voir briser comme un de ces yachts d'agrément faits pour naviguer dans un bocal à poissons rouges.

— Avez-vous jamais entendu dire qu'une morue ou un esturgeon se soit noyé dans une tempête? dit mon pêcheur d'un air narquois.

— Je lis beaucoup de journaux ; mais, je l'avoue, je n'ai jamais rencontré de sinistre de ce genre.

— Eh bien ! moi j'ai vu des baleines jetées par une grosse mer sur le Doggersbank, et y laisser leur peau et leur lard, tandis que les petits poissons enlevés par une lame retournaient avec elle à la haute mer, d'où ils se hâtaient de regagner leur logis. Et voilà ce qui vous prouve que si ma coquille de noix avait été un navire à trois ponts, louvoyant à une lieue de la côte, vent arrière et toutes voiles dehors, elle couvrirait en ce moment la grève de ses débris, et je ne mangerais pas la soupe avec ma femme ce soir, et je n'aurais pas le plaisir de vous accompagner jusqu'à Blankenberghe.

— Et vous n'avez eu d'autre avarie que quelques voiles en lambeaux? dis-je en montrant un foc auquel le vent avait fait de nombreux crevés à l'espagnole.

— Quelques agrès brisés, quelques voiles déchirées, voilà tout ce que la tempête a pu me prendre... Ah ! j'oubliais ! une vieille paire de bottes de pêche, qu'un coup de mer a emportées.

Je vous demande ce qu'elle peut faire d'une paire de bottes de pêcheur! Mais hâtons-nous, la nuit va nous surprendre : nous causerons en route.

— Au fait, dis-je en réglant mon pas sur celui du pêcheur, c'est drôle, après tout. Qui sait! à l'heure qu'il est, vos bottes sont peut-être habitées par une honnête famille de harengs qui y aura cherché un refuge contre la rapacité des requins.

— Ah! vous croyez qu'un requin respecte des bottes? dit mon pêcheur en éclatant de rire. Je vais vous dire ce qui m'est arrivé avec un de ces crève-de-faim-là, pour lesquels tout est bon. J'étais à bord d'un baleinier à la côte du Chili. Un sournois de requin nous suivait comme un caniche, faisant toutes sortes de gentillesses pour attraper un morceau de n'importe quoi, car ces paroissiens-là ça mange tout et de tout; nous amorçons un hameçon avec une vieille casquette du contre-maître; nous jetons notre câble à l'eau; une minute après, la casquette, le crochet et deux pieds de chaîne avaient disparu dans le gosier de notre aimable convive. Nous le laissons bien s'enferrer; puis nous le hissons à bord où chacun lui donne son coup : celui-ci d'un couteau, l'autre d'une pique, un troisième d'une hache. Un matelot lui ouvre le ventre et l'estomac, devinez ce qu'on y trouve?

— Une famille anglaise tout entière : trois demoiselles en voiles verts, quatre garçons, deux femmes de chambre, un cocher et un groom en guêtres jaunes sans doute, fis-je d'un air sérieux.

— Si vous croyez que je plaisante, n'en parlons plus, dit Jérôme d'un air à moitié en colère.

— Pardieu! dis-je. si vous pensez, parce que vous êtes marin et que je suis un *bourgeois*, comme vous l'avez dit, que vous allez me faire accroire des histoires!...

— Ce que je vais vous dire est aussi vrai que je m'appelle Jérôme. Un matelot ouvre donc l'estomac du requin, et comme il faisait beau, que le capitaine était de bonne humeur, le matelot propose de faire un inventaire en règle de l'estomac du requin; un autre donne l'idée de faire une saisie mobilière chez le requin. Nous nous arrêtons à cette idée comme la plus drôle. Voilà donc mon homme qui s'installe dans l'estomac du glouton. Moi, je tenais la plume pour écrire le procès-verbal, qui commençait comme ceux des huissiers; après cela venaient les *item*, et il y en avait beaucoup : item, deux boulets de vingt-quatre et un bonnet à poil; item, une cage à perroquet; item, un sac de nuit contenant un nécessaire; item, un chapeau de paille; item, une boîte en fer-blanc bien soudée et remplie de bœuf fumé; item, trois pantalons et deux paletots de marin de haut bord; une Bible et une boussole; deux souliers et une botte, et une collection de gazettes et d'autres affaires qui prouvaient que ce requin avait beaucoup voyagé et se contentait de tout ce que la Providence lui envoyait.

En ce moment nous atteignîmes les premières maisons de Blankenberghe; mon compagnon me quitta en me donnant une cordiale poignée de main et en me disant :

— Si l'envie vous prend de faire un jour une promenade en mer, faites-moi demander; tâchez surtout que ce soit par une jolie brise, et non pas par une mer plate et endormie comme la désirent les bourgeois qui viennent ici pour *compter leurs chemises* et se donner des rhumes de cerveau.

Je promis à Jérôme de venir lui rappeler très-prochainement l'engagement qu'il venait de prendre, et deux heures après, je me retrouvais à Bruges, admirant ce magnifique beffroi, formidable symbole de la puissance éclipsée de nos glorieuses communes flamandes.

Tandis que ma pensée caressait avec amour cette merveille architectonique, où le palais s'allie à la citadelle, où la prison humide et noire coudoie la vaste salle aux lambris sculptés et dorés comme une châsse, mon regard tomba sur l'échoppe d'un fripier, au crochet duquel pendaient toutes sortes d'oripeaux fanés, spectres troués et souillés où l'on découvrait encore quelques traces d'un ancien luxe. De ci-devant bottes vernies heurtaient de gros souliers ferrés. Des chapeaux de satin rose pleuraient leur splendeur passée à côté d'un shako de garde civique. C'était une nécropole de fantômes d'habits et de chaussures qui semblaient me dire : *Hodie mihi, cras tibi !*

Tomber des trèfles gracieux qui forment une couronne d'or et d'azur au front du majestueux beffroi, à la contemplation philosophique de l'échoppe, la chute était grande; puis je ne sais quelle sotte musarderie m'attachait à examiner en détail toutes les vieilleries rapetassées qui étalaient leurs misères sous un rayon de soleil perdu à travers une déchirure de nuage. Tout à coup, mon regard tomba sur une vieille paire de bottes en fort mauvais état, mais que leur forme surannée et antique avait dû condamner à flotter, depuis des années, à l'étalage du fripier. Ces bottes ne ressemblaient en rien aux bottes contemporaines; ce n'étaient ni des bottes de chasse, ni des bottes militaires, ni des bottes à l'écuyère. Le pied était d'une grandeur plus qu'ordinaire, la tige dure et forte; cela ressemblait enfin aux bottes que Sterne a données à mon oncle Tobie, et encore je n'oserais trop l'affirmer. Au sommet de la tige se trouvait un entonnoir comme Vandermeulen en donne à ses cavaliers.

Le fripier, qui me vit en contemplation devant

ces bottes, lesquelles avaient vu passer deux générations au moins, me prit sans doute pour un Anglais flânant en attendant l'heure de son dîner, ou pour quelque collectionneur s'occupant à réunir toutes les chaussures, depuis la sandale, la caliga et l'espardille de cordes, jusqu'au brodequin-guêtre, inventé par notre ingénieuse époque. Quant à moi, je songeais à ce pauvre Jérôme, auquel un coup de mer avait enlevé ses bottes de pêche, et je méditais quelque grande munificence qui fît bénir mon nom sur la côte de Blankenberghe jusqu'à la troisième génération.

Nous étions là, le fripier et moi, nous observant tous deux : moi, cherchant les moyens d'obtenir au meilleur marché possible ces ridicules bottes que je ne savais trop comment emporter, au cas où il me les laisserait à un prix raisonnable ; lui, cherchant à lire dans mes yeux quel intérêt mystérieux pouvait me porter à faire cette emplette. Enfin, je me décidai à rompre le silence :

— Voilà de singulières bottes, l'ami, fis-je d'un air plein de superbe mépris en touchant les horribles tuyaux du bout de ma canne.

— Mais oui, monsieur, fit le fripier avec une voix insouciante, elles ne sont pas faites d'hier celles-là, je les ai trouvées dans la boutique de mon père.

— Et probablement vous les transmettrez avec votre succession à votre fils ?

— Si je ne les vends pas d'ici là, la chose serait fort possible, car ce ne sera pas moi qui les userai.

— Je le crois sans peine! qui diable voulez-vous qui porte des bottes de cette espèce? cela est bon à pendre dans un cabinet d'antiquités. Et vous vendez cela combien?

— Dix francs! fit le fripier d'un ton sec en plongeant son regard dans le mien, pour voir l'effet que produirait sur moi cette demande exorbitante.

— Voilà un chrétien fièrement circoncis! pensai-je à part moi. Décidément, il me prend pour un Anglais.

Une offre de six francs toucha le cœur du fripier, et, muni de mes bottes qui attiraient les regards de tous les passants, je retournai à mon hôtel.

Le lendemain, à mon réveil, ma première pensée fut de reconnaître l'état du ciel. Des nuages sombres, frangés d'une bordure fauve, couraient sur un ciel lourd et brumeux. Il ventait frais, et à la côte on devait trouver les conditions exigées par Jérôme pour une promenade en mer. La vague devait piaffer sous sa crinière d'écume et le vent souffler sourdement à travers la voilure.

— Allons montrer, dis-je en moi-même, à cet exterminateur de requins et à ce conquérant de morues, qui a semblé me narguer hier, qu'un *bourgeois*, comme il a osé m'appeler, ne recule pas devant une jolie brise carabinée.

Lorsque j'arrivai à la maison de Jérôme, on m'apprit qu'il était sur la plage occupé à terminer le déchargement de son bateau, et qu'il ne tarderait pas à rentrer. Une demi-heure ne s'était pas écoulée, en effet, que je le vis arriver portant sur l'épaule sa voile déchirée qu'il venait de remplacer par un foc de rechange. En me voyant, il fit un mouvement de surprise.

— Je viens vous sommer de tenir la promesse que vous m'avez faite hier. Il vente bon frais; nous allons flâner une heure ou deux au large. Mais pour que vous ne perdiez pas le fruit de votre temps, qui est votre capital, comme il est aussi le mien, je vous apporte une paire de bottes pour remplacer celles que la mer est venue pêcher à votre bord. Que dites-vous de mon idée?

— Je dis que vous êtes un brave garçon, fit l'honnête marin en me secouant la main de manière à me la briser. Je dis que pour vous prouver combien je suis reconnaissant de ce cadeau, je vais vous conduire en mer, quand tous les vents du nord-ouest seraient déchaînés, et que je vous ramènerai à terre sans que vous vous soyez mouillé un fil !

Tandis que le loyal pêcheur m'exprimait ainsi son énergique reconnaissance, je déballais les bottes, non sans quelque crainte sur l'accueil qu'il ferait à mon acquisition. Mais, sans s'amuser à les examiner, il en prit une, ôta son soulier et chaussa la botte, qui me sembla avoir été faite pour lui. Il remonta l'entonnoir qui lui vint bientôt jusqu'à l'aine. Ce cuir, qui, la veille, s'était montré dur et réfractaire comme du fer, était maintenant souple comme du daim, et se prêtait à toutes les formes et à tous les mouvements des jambes et des pieds.

— Allons! fis-je à part moi, mon voleur de fripier y a mis de la conscience! il a graissé ses antiquailles à l'huile de poisson. C'est une bonne précaution contre l'eau de mer! Ainsi, dis-je à Jérôme, qui semblait en extase devant ses bottes, vous êtes content de mon acquisition?

— Tellement, qu'elles ne m'auraient pas chaussé plus commodément quand vous les auriez fait faire à mon pied! Et puis quel cuir! comme c'est moelleux, souple et solide!

— Je suis enchanté que vous en soyez satisfait; mais ne perdons pas de temps: je vais vous attendre à la grève; allez prendre ce qu'il vous faut et étrennez vos bottes en mon honneur.

— Va comme il est dit! s'écria Jérôme d'un air joyeux; je vais faire voir votre cadeau à ma femme, prendre une *écoute* pour mon foc, et dans cinq minutes je suis à vous!

Je m'acheminai vers la grève avec le bien-être que donne une bonne action. Une chose cependant préoccupait mon esprit et m'intriguait singulièrement : ces bottes que j'avais vu la veille, rigides, dures, inflexibles, sèches et ridées comme la peau d'une vieille fille qui a accumulé quarante printemps en attendant un mari, ces bottes que je redoutais de voir refusées même par un simple pêcheur, tant elles étaient grotesques et inhospitalières, je les avais vu s'assouplir, s'embellir, se parer d'une fraîcheur qu'elles ne possédaient pas la veille. Il y avait là quelque chose que ma pensée ne s'expliquait pas, à moins de supposer que le fripier, honteux de m'avoir indignement volé, s'était fait un cas de conscience de les remettre soigneusement à neuf.

La vue de l'Océan changea bientôt le cours de mes pensées. La mer, bercée par une jolie brise du sud, miroitait sous les rayons safranés d'un pâle soleil. Des mouettes, cherchant quelque menu fretin, se jouaient dans la courbe des lames qu'elles rasaient de leurs ailes brunes. La plage était bordée d'une frange d'écume et le flot y venait mourir avec un bruit mélancolique qui disposait au sommeil et à la rêverie. Parfois un nuage, chassé par le vent, passait devant le soleil et éteignait brusquement toutes ces splendeurs maritimes où chaque vague portait au front une aigrette flamboyante d'escarboucles ou de rubis. Un moment après, une déchirure des nuées couvrait de nouveau la surface de l'Océan d'un éblouissant tapis d'or sur lequel les lames détachaient leurs blanches toisons d'écume. C'était charmant et sublime, imposant et gracieux, à faire déserter à jamais le séjour d'une ville pour venir vivre dans quelque trou des dunes.

Cependant, les cinq minutes demandées par mon ami Jérôme commençaient à me sembler longues. Une heure peut-être s'était écoulée pendant mon extase contemplative. J'attribuai le retard de mon compagnon à quelqu'une de ces importantes niaiseries qui entravent toujours au moment suprême, les choses les plus graves. Une ficelle qu'on cherche, une pipe qu'on casse, un briquet qu'on oublie, toutes ces niaiseries pouvaient avoir retardé mon brave pourfendeur de requins. Je m'assis sur la plage, j'allumai un second cigare en me promettant de quitter la place aussitôt qu'il serait consumé. Attendre un homme pendant *deux cigares*, c'est une de ces politesses qui feraient reculer un Chinois lui-même, fût-il mandarin à bouton rouge!

J'attendis une seconde heure, pendant laquelle ma pensée, absorbée par l'immensité et la grandeur du spectacle qui se déroulait devant moi, semblait avoir quitté mon corps. Les chœurs rapides d'oiseaux marins tournoyaient sous la joyeuse lumière du soleil, en poussant des cris aigus. L'harmonie somnolente des vagues qui venaient caresser la grève, commençait à agir sur moi ; je me levai brusquement et retournai vers Blankenberghe, pour savoir quelle cause retardait ainsi Jérôme.

Lorsque j'arrivai à sa maison, sa femme manifesta un étonnement profond de son absence. Elle le croyait en mer avec moi.

— Voilà deux heures qu'il est parti, monsieur, me dit-elle avec une secrète inquiétude; il est venu me faire voir les belles bottes que vous avez eu la bonté de lui donner. Il a pris sa pipe et m'a dit qu'il allait acheter une *écoute* pour son foc, puis qu'il vous rejoindrait immédiatement sur la plage.

— Mais j'en viens de la plage, ma bonne femme; je l'y ai attendu pendant deux heures!

— Si mon mari était vaniteux, me dit la femme du pêcheur en souriant, je croirais qu'il est dans quelque cabaret, occupé à faire admirer ses bottes; mais il m'a dit en sortant : « Femme, je vais prendre un bout de câble chez l'épicier, puis j'irai retrouver ce monsieur à qui j'ai promis une promenade en mer. Je rentrerai manger la soupe à quatre heures. »

— Bah! dis-je en allant vers la porte, ce sera une partie remise. Votre mari aura eu quelque affaire pressante et inattendue qui l'aura empêché de tenir sa promesse. Je reviendrai le voir demain; dites-lui que je ne lui garde aucune rancune de son retard.

En quittant la femme du pêcheur, je rencontrai

quelques-uns de ses collègues, auxquels je demandai des nouvelles de Jérôme. Nul ne l'avait vu ; son beau-frère sonda tous les cabarets et les *gin-houses* de l'endroit, sans pouvoir découvrir sa trace. J'envoyai à la côte, il n'y avait pas paru, et sa chaloupe, toujours amarrée, se balançait sur la vague en nous attendant.

Cette disparition, sans être inquiétante, était cependant singulière, d'autant plus que Jérôme était connu pour un homme rangé, sobre et ayant à terre l'humeur fort peu vagabonde. Toutefois, comme les événements les plus mystérieux et les plus bizarres finissent presque toujours par trouver une solution fort simple et très-naturelle, je cessai bientôt de m'occuper de mon pêcheur et je retournai à Bruges.

Le lendemain, au moment de quitter la mélancolique Venise du Nord, aujourd'hui triste et désolée comme sa sœur de l'Adriatique, la brusque et singulière disparition du pêcheur me revint à la pensée. Il me sembla que je devais à ces braves gens une visite, ne fût-ce que pour m'assurer s'il n'était rien arrivé de fâcheux à cet honnête Jérôme qui, pour un léger cadeau, m'avait manifesté une si vive reconnaissance, et offert d'affronter, pour m'obliger, ces gracieux vents d'ouest que nous avons, ces jours derniers, entendus rugir dans nos cheminées et hurler à nos fenêtres ébranlées.

Je me décidai donc à faire une dernière visite à mon brave pêcheur de morue. Je ne sais quel secret instinct me disait que cette entrevue devait m'apprendre des choses bizarres, étranges, et que je n'aurais pas à me repentir de quelques heures sacrifiées à une visite qui, après tout, avait sa source dans une sollicitude dont l'honnête Jérôme était bien digne.

Lorsque j'arrivai à Blankenberghe, je remarquai parmi les voisins et les camarades de mon pêcheur cette activité inquiète et fiévreuse qui suit toujours les événements un peu en dehors du cours ordinaire des choses. Les femmes réunies en groupes, caquetaient devant les portes; les hommes causaient entre eux avec des gestes pleins de cette mobilité télégraphique qu'on trouve chez les Napolitains et les peuples du Midi. Parfois, de profonds haussements d'épaules semblaient résumer les conversations, comme si les orateurs eussent avoué ne rien comprendre au sujet de la discussion qui les occupait.

A ma vue, les chuchotements redoublèrent et vingt index goudronnés se dirigèrent vers moi avec des murmures mystérieux. Les groupes se resserrèrent et s'éloignèrent à mon approche, comme si j'avais été un ladre, un pestiféré ou un porteur de contraintes. Un peu inquiet de ces démonstrations et de cet accueil, je marchai cependant d'un pas ferme vers la maison de Jérôme; j'ouvris la porte, et la première chose qui frappa mes regards, ce fut le pêcheur couché sur un lit et en proie à une fièvre ardente.

Mon apparition soudaine produisit un effet prodigieux. Quelques voisins et la femme du malade, qui entouraient le lit, se reculèrent avec terreur vers la muraille comme s'ils avaient voulu s'y incruster.

— Eh bien ! que diable avez-vous donc tous à me regarder ainsi avec des yeux effarés? dis-je à l'assemblée. Est-ce que j'aurais par hasard oublié d'ôter mon bonnet de nuit en me levant ce matin?...

Un profond silence accueillit mes paroles; tous les regards se portèrent tour à tour de moi au pêcheur, dont le sommeil paraissait être troublé par quelque rêve fiévreux.

Tout à coup le malade s'éveilla brusquement, et en me voyant à côté de lui, il poussa un cri d'étonnement et de stupéfaction.

— Ah! vous voilà enfin, me dit-il d'une voix qu'il cherchait à rendre menaçante, vous pouvez vous vanter de m'avoir fait voyager d'une manière imprévue, économique, et sans une paire de chaussettes de rechange!...

— Décidément, fis-je à part moi, le pauvre diable a le transport au cerveau, son imagination erre sans voile et sans boussole sur la vaste mer de l'absurde !

— Hélas ! monsieur, me dit la femme du pêcheur, je ne sais ce qu'a mon mari ; mais depuis ce matin qu'il est revenu à la maison, il tient les discours les plus extravagants, il parle de choses qui, sauf votre respect, n'ont ni tête ni queue !

— C'est vous qui ne savez ce que vous dites, fit Jérôme d'un voix irritée ; allez-vous-en tous ! J'ai besoin de causer une heure avec monsieur, pour qu'il m'explique...

— Je vous expliquerai tout ce que vous voudrez, mon bon Jérôme, dis-je au pêchenr en m'efforçant de le calmer ; mais d'abord promettez-moi de vous tranquilliser et de ne pas donner de craintes à vos amis en vous montrant irrité et méchant comme vous le paraissez.

— Je ferai ce qu'on voudra, dit le malade ; mais, avant tout, qu'on nous laisse ! J'ai à vous dire, monsieur, des choses que vous seul devez entendre !

Je fis signe de la main aux assistants de s'éloigner, afin de me laisser seul avec le pêcheur, et lorsque la porte fut fermée, voici l'étrange histoire qu'il me raconta :

VOYAGE DE CIRCUMPÉRÉGRINATION

AUTOUR DU MONDE ET MÊME PLUS LOIN,

PAR JÉROME AXEL,

Pêcheur de morue à Blankenberghe.

— Avant de commencer le récit de mes voyages, fit Jérôme, j'ai besoin, monsieur, de vous donner toutes les garanties possibles que je jouis bien de la plénitude de ma raison. Cela est indispensable au récit que je vais vous faire. Par conséquent, faites-moi le plaisir de m'imposer une épreuve quelconque. Voulez-vous que je vous récite mon *Pater*, que je fasse une opération d'arithmétique, que je vous dise combien il y a de lieues de Blankenberghe aux îles Feroë ou au banc de Terre-Neuve? Faites à votre aise, afin que vous n'alliez pas supposer, lorsque j'aurai fini, que vous avez écouté sérieusement les balivernes d'un cerveau fouetté par la fièvre.

Il y avait dans les paroles du pêcheur un calme si intelligent, une raison si froide et si sûre d'elle-même, que je lui promis d'ajouter à ses paroles la croyance que je donnerais à une relation de voyage autorisée par le gouvernement et certifiée véritable par le journal du bord et les attestations de l'équipage.

Après s'être recueilli quelques minutes, Jérôme commença ainsi :

— Vous savez, monsieur, que vous m'avez quitté au moment où j'entrais chez moi pour faire admirer à ma femme ces fameuses bottes que vous avez eu la bonté de m'apporter de Bruges. Après avoir fait voir votre cadeau à ma femme qui ne revenait pas de cette générosité d'un étranger auquel je n'avais parlé qu'une fois, je prends mes bottes sous le bras, j'allume ma pipe, et je dis à ma femme que je serai de retour vers les quatre ou cinq heures au plus tard. Arrivé dans la rue, je me dis qu'il est ridicule de porter ses bottes sous son bras, surtout quand elles ont aussi bonne tournure que les miennes; je m'assieds donc sur le banc de ma porte, je me chausse pour aller chez l'épicier où je devais prendre une nouvelle *écoute* pour mon foc, je fais un pas... Jugez de ma surprise, de mon étonnement, de ma terreur! je me trouve en plein champ loin de toute maison, ne voyant plus le clocher de Blankenberghe, ni celui de Notre-Dame de Bruges, qui a cependant 500 pieds de hauteur. Je m'arrête, croyant que j'étais en proie à l'illusion de quelque mirage, ou, pour vous dire plus vrai, que j'avais la berlue; je me frotte les yeux, je regarde... le pays qui m'entourait m'était parfaitement inconnu ! A cette vue, ma tête se trouble, je m'élance, je cours, et, chose étonnante ! à chaque pas le paysage, l'aspect du pays, les formes des habitations changeaient de caractère et d'aspect. Je voyais la terre fuir sous mes pieds comme la surface de la roue d'une meule qu'on tourne avec rapidité. Les rivières, les routes, les maisons, les arbres passaient auprès de moi avec cette vélocité et ces formes vagues qu'ont les objets dans les rêves. Il me semblait par moments que j'étais une flèche vivante lancée par quelque monstrueuse arbalète, ou un remorqueur bipède faisant 12, 600 lieues à l'heure. Ce qui est plus étonnant, c'est que cette incroyable vitesse, auprès de laquelle le plus fin bateau à vapeur n'est qu'une galéasse hollandaise, ne gênait en rien ma respiration. Au contraire, j'éprouvais un bien-être inconnu, un plaisir que je n'avais jamais ressenti. Enfin je m'arrêtai, et pour m'assurer que je ne rêvais pas, je me mordis ici à la paume de la main droite ; voyez ! les dents y sont encore ! La douleur que j'éprouvai me fit comprendre que j'étais bien éveillé, et cependant, autour de moi, tout avait encore une fois changé. Je m'adressai à un homme que je vis chassant devant lui un troupeau de moutons, je lui demandai le chemin de Blankenberghe

« — Nous avons ici Bamberg, Heidelberg, Friedberg, Muhlberg, me répondit l'homme dans un langage allemand qui me fit dresser les cheveux sur la tête.

« Le pays où je me trouvais n'avait rien qui me rappelât la Belgique. A mes pieds coulait un large fleuve dominé par des montagnes au sommet desquelles on voyait des châteaux en ruine. Dieu de miséricorde! j'étais en Allemagne; mais où? dans quelle contrée? en Prusse, en Souabe, en Bavière, en Hongrie?... A cette pensée, ma tête se troubla, et je courus devant moi comme pour échapper au vertige qui s'emparait de ma pauvre cervelle. Mais plus je courais, plus il me semblait que je m'égarais, et plus les montagnes, les fleuves, les villes et les bourgs fuyaient devant moi comme dans la lueur d'un éclair. Cette fois seulement, ce n'était pas le pays qui prenait un autre caractère, mais tout, jusqu'au costume des habitants, avait complétement changé!

« La contrée au milieu de laquelle je me trouvai transporté, ou dans laquelle il me sembla rêver que je me trouvais, était entrecoupée de montagnes dont quelques-unes étaient couvertes de neige à leur sommet. Cependant, dans la plaine où je courais comme un insensé, la chaleur était accablante. Les hommes auprès desquels je passai portaient des robes flottantes, des turbans, et fumaient de longues pipes. Je commençai à comprendre qu'il y avait au fond de mon affaire quelque chose de diabolique. Je fis trois signes de croix, je dis mon *Pater* et tout ce que j'ai retenu de mon catéchisme, et je me remis en route.

« Après quelques minutes d'une marche qui me faisait voyager avec la vitesse d'un boulet de 36 lancé par une pièce de chasse, je me trouvai sur le bord d'un détroit où je vis un monsieur en chapeau rond et en cheveux rouges qui pêchait à la ligne.

« — Monsieur, lui dis-je, au nom de votre salut, si vous êtes chrétien, dites-moi comment se nomme le pays où nous sommes et le fleuve dans lequel vous pêchez à la ligne.

« L'homme à qui je fis cette question releva lentement la tête, me regarda pendant quelques minutes comme pour s'assurer si je n'étais pas fou, et me répondit en bon anglais :

« — Le pays où vous vous trouvez s'appelle la Roumélie; le détroit où je pêche s'appelle le Bosphoros, mot grec qui signifie le *passage du Bœuf*; mais vous ne savez pas le grec peut-être?

« Tout cela me fut dit avec cet air insolent et goguenard qu'ont les Anglais vis-à-vis des étrangers. Je pensai que cet animal d'Anglais se moquait de moi, d'autant plus que, connaissant bien ma géographie et ayant beaucoup voyagé, je n'avais jamais entendu parler d'un pays qui s'appelle

Roumélie et d'un détroit qui se nomme le passage du Bœuf.

« J'étais tellement irrité et exaspéré de mon aventure, que peu s'en fallut que je n'envoyasse l'insolent aux cheveux rouges voir combien il y avait de brasses d'eau dans son *passage du Bœuf*.

« Il pouvait être midi, j'avais quitté Blankenberghe à dix heures et demie. Je songeais à vous qui m'attendiez sur la côte pour notre promenade sur mer : mon aventure commençait à dépasser les bornes d'une simple plaisanterie ; je me laissai tomber sur une charmante pelouse, à deux pas de l'Anglais, qui pêchait toujours sans rien prendre, et je regardai autour de moi.

« A ma droite, sous un ciel pur et profond, s'élevait une ville qui me parut quatre fois grande comme Bruges. Une innombrable quantité de clochers blancs s'élevaient au milieu de cette ville. A ma gauche, une mer vaste étendait ses vagues sombres et tumultueuses ; devant moi, de l'autre côté du détroit, s'élevait une plage verdoyante toute plantée d'arbres.

« Voyons ! me dis-je, je ne peux pas me dissimuler que ce qui m'arrive est une de ces choses qui font époque dans la vie d'un homme ; je vais interroger encore une fois cet Anglais à la crinière fauve, et s'il me répond comme ont fait tous les autres, s'il est vrai que, parti de Blankenberghe à dix heures et demie, je me trouve à quinze cents lieues de mon clocher, de ma femme et de ma chaloupe, alors j'en prends mon parti, je fais le tour du monde avant de revenir dîner. J'ai de bonnes bottes, trois francs dans ma poche, c'est plus qu'il ne me faut.

« — Gentleman, dis-je à l'Anglais de l'air le plus honnête que je pus prendre, soyez assez bon pour me dire le nom de la ville que nous voyons à côté de nous sur la droite.

« — Cette ville s'appelle Stamboul en turc; mais vous ne savez peut-être pas le turc?

« — Fort peu, gentleman, fort peu; je suis pêcheur de morue; je ne vais guère qu'aux îles Feroë, au Shetland, en Islande, sur les côtes de Norwége, et dans tous ces pays-là on ne se sert guère du turc. Mais pour en revenir à mon affaire, le nom de cette mer qu'on voit là-bas et dont les vagues semblent si sombres?

« — Cette mer, c'est le Pontos-Euxios, qui veut dire *mer hospitalière*.

« J'ouvris de grands yeux pour voir ce Pont-Euxin, qui aurait, en tout cas, été d'une jolie longueur, mais je ne vis rien que des flots et quelques voiles.

« — Décidément, mon Anglais se moque de moi; allons nous informer ailleurs, me dis-je.

« Je remontai la côte à gauche, toujours avec cette rapidité qui faisait passer les objets devant moi comme un éclair dans une nue sombre. Je tournai la mer au nord et traversai une chaîne de montagnes où des hommes en bonnets pointus sabraient des soldats en habits verts. Au bout d'une demi-heure, pendant laquelle je tournai des lacs, je traversai des fleuves et des montagnes, j'arrivai dans un grand désert de sable, tout couvert de sel, et où couraient des chameaux ; enfin je trouvai une plaine fertile, traversée par un fleuve qui portait des bateaux avec des toits garnis de clochettes et d'un tas de singeries. Je m'arrêtai pour demander à un indigène le nom du pays où je me trouvais et celui de ce beau fleuve qui charriait tous ces diaboliques palanquins où l'on voyait fumer, sur les gaillards d'arrière, des espèces de magots comme on en trouve chez les marchands de thé à Bruges.

« L'individu me répondit en anglais que le pays s'appelait Ta-Thsing-Koué, et le fleuve Houang-Ho!

« — Merci, l'ami, dis-je. Me voila aussi avancé que devant.

« Je descendis vers le sud, je traversai une rivière qu'on appelait le Yang-Tseu-Kiang, puis une autre nommée Iraouaddy ; je franchis des montagnes et j'arrivai, sur les deux heures, dans un pays admirable, un vrai paradis. Je m'arrêtai à la porte d'un grand bâtiment orné de toutes sortes de diableries sculptées. Sur le devant s'élevait une immense terrasse toute couverte de tapis, sur lesquels étaient assis quelques individus vêtus comme le père Tropique et qui regardaient de belles filles, jaunes comme de l'ambre et vêtues d'anneaux d'or qui leur traversaient les narines. Ces filles étaient occupées à danser une sorte de polka qui aurait fait rougir le garde champêtre de Blankenberghe.

« Dieu me pardonne, monsieur! mais jamais je n'ai rien vu de si beau que la danse de ces filles! Elles se tordaient comme des boas, elles bondissaient comme des panthères! et tout cela avec des regards, des déhanchements à faire venir le diable au corps à un saint de bois!

« Les vieux, qui me parurent être les riches et les cossus de l'endroit, regardaient les belles filles du coin de l'œil, comme des chats qui guignent un oiseau. Tout à coup, un d'eux lève la tête, dit quelques mots en la langue du pays à un domestique couleur café au lait, et je reconnais... vous ne devineriez jamais!

« — Comment diable voulez-vous que je devine, mon bon Jérôme? dis-je, tout abasourdi de cette singulière odyssée.

« Je reconnais dans un des *brames*, comme ils appellent leurs curés, un juif, marchand d'eau de

Cologne et de bretelles, qui me devait trois francs depuis la dernière foire de Bruges.

« — Ah ! brigand, m'écriai-je en m'élançant vers lui...

« — Mais j'achevai ma phrase au milieu d'un bois où mon arrivée soudaine jeta l'épouvante dans un troupeau de tigres qui dormaient à l'ombre des jungles.

« — Allons ! me dis-je, puisque décidément je ne puis aller que là où je ne veux pas, continuons notre route.

« Je tournai vers le nord, puis me dirigeant vers l'ouest, je traversai des pays charmants, entrecoupés de vastes solitudes où l'on voyait des ruines de grandes villes. Vers les deux heures et demie, j'arrivai à une petite langue de terre où des ingénieurs étaient occupés à arpenter le terrain. C'étaient toujours des Anglais !

« Un des ouvriers à qui je m'adressai pour prendre des renseignements m'apprit que je me trouvais en ce moment à cheval sur l'Asie et l'Afrique, que j'avais devant moi le désert de Sahara, douze cents lieues de sables, où les autruches ne pondent que des œufs à la coque !.... au-dessous de moi, l'Éthiopie, la Nubie et un tas de royaumes de moricauds. Je retournai donc sur mes pas en prenant cette fois vers le nord. Je m'arrêtai à Jérusalem pour y dîner debout, car dans la singulière maladie qui s'était emparée de moi, je n'aurais pu aller prendre un verre de vin ou un morceau de pain, sans me trouver transporté à je ne sais combien de lieues. Après avoir mangé un morceau, je filai vers le Nord ; je connaissais par là toutes les côtes depuis le cap Nord et le cap Nassau jusqu'à la mer de Kara, et je comptais, en suivant le golfe de Bothnie et la côte de la Baltique, pouvoir revenir chez moi pour l'heure du dîner, afin de ne pas inquiéter ma femme ! C'était une fameuse idée que j'avais eue là, monsieur, et cependant c'était celle-là qui devait me porter malheur en me rendant témoin de choses que je n'oublierai jamais !...

« Me voilà donc en route le long de la Syrie et de la mer Noire, admirant toutes les merveilles que le bon Dieu a semées dans ces pays, qui sont habités par des gredins de Turcs et de Cosaques, qui ne font pas honneur à leur gouvernement, si celui-ci se charge de leur uniforme. La plupart n'avaient pas de pantalons et n'avaient jamais entendu parler d'un paletot. Je traverse un tas de rivières, le Don, le Volga, que sais-je, moi ? des fleuves noirs, brumeux, stupides; pas une fleur, pas un oiseau sur leurs rives désolées ! Des Cosaques et des bouleaux, voilà tout l'ornement de ce pays. Enfin, arrivé à la source d'une rivière qui se jette dans la mer Blanche, je devais rabattre à l'ouest pour atteindre le golfe Porsanger, sur la Baltique ; une malheureuse idée me vint de pousser jusqu'au pôle, pour voir par moi-même ce fameux cap Siévero-Vostotschenoï ou *Promontoire Sacré*, au bout duquel, comme je l'avais entendu raconter, on voyait l'axe de la terre à nu, comme une broche qui traverse un poulet.

« A mesure que j'approchais du pôle, la clarté du soleil devenait plus terne et plus livide, et ses rayons obliques ne conservaient plus cette puissance qui vivifie tout. Autour de moi, tout était aride et dévasté par les torrents et les volcans. Des roches brunes, couvertes d'une mousse drue et sombre ; des rivières profondément encaissées et qui roulaient leurs eaux glacées entre deux berges décharnées où la terre montrait à nu ses vieux os ; un ciel noir et lourd dans lequel on pouvait se laver les mains, tant les nuages étaient bas et opaques ; quelques maigres rennes poursuivis par des ours qui n'avaient pas fait gras depuis deux mois et dont on pouvait compter les côtes ; des grues et des cigognes perchées sur une patte au bord d'un ruisseau, en attendant que leur dîner vînt à passer; des renards de toutes les couleurs et qui n'ont jamais mangé une poule : voilà le tableau de ces charmantes régions polaires que des hommes osent habiter et qu'ils ont le front d'appeler *une patrie !*

« Pendant que je m'étais arrêté pour voir un peu en détail les agréments de cet aimable pays, le ciel s'enténébra ; des torrents de neige, de pluie et de glace fondue tombèrent bientôt si dru et si serré, que je n'eus que le temps de me réfugier sous la saillie d'un rocher au pied duquel je me trouvais. Le tonnerre tombait et remontait vingt fois par minute, comme si le ciel et la terre eussent croisé leurs foudres dans un formidable duel ! La vive lumière des éclairs illuminait les profondes ténèbres qui m'entouraient. Un de ces éclairs, qui n'ont rien de commun avec les lueurs blafardes de notre pays et même ceux des tropiques, me fit voir, couchés auprès de moi, deux ours blancs, tremblant de toutes leurs pattes, et qui ne semblaient pas avoir la moindre envie de me manger, tant ils étaient consternés. L'air lourd et humide, les anfractuosités et les cavernes des rochers répercutaient les roulements du tonnerre avec un fracas que je n'entendrai plus jamais, quand même le mont Hécla s'écroulerait tout entier dans la mer d'Islande ! Il faisait trop noir pour songer à reprendre mon voyage, et il ventait à ne pas mettre un ours blanc à la porte ! Je me résignai donc à attendre dans mon trou le lever du soleil ou l'une de ces belles aurores boréales qui le remplacent dans les pays polaires.

« Une heure se passa, pendant laquelle les

rochers, frappés par la foudre, éclataient de toutes parts; la pluie de glace et de neige tombait toujours. Mes ours ne bougeaient pas et semblaient implorer ma protection. Enfin, une aube pâle d'abord, qui passa rapidement de l'orangé au pourpre vif, vint chasser les ténèbres; mes ours se levèrent gravement et regagnèrent leur domicile sans même me regarder. Bientôt le ciel s'enflamma, et une gerbe de rayons rouges et jaunes petillèrent, éclatèrent de toutes parts comme un bouquet de feu d'artifice. C'était, ma foi! un beau spectacle et qui me fit bénir et adorer Dieu de m'avoir rendu témoin de ces imposantes merveilles!

« Je m'orientai sur l'étoile polaire, qui brillait d'un vif éclat, et au bout de quelques pas, je me trouvai sur un terrain tout particulier où, par un autre enchantement non moins inexplicable que le premier, je vis avec terreur que je perdais tout à coup cette rapidité de locomotion qui m'avait fait assister en quelques heures à tant de spectacles divers, et sur laquelle j'avais compté pour rentrer dîner avant cinq heures du soir, afin de ne pas inquiéter ma femme.

« Autour de moi tout était sombre, aride et avait un aspect qui me glaça d'épouvante. Le sol que je foulais était formé par une barre de fer qui me parut avoir au moins une lieue de diamètre et dont l'extrémité reposait sur un rocher formidable dont la base se perdait dans les ténèbres! De l'endroit où je me trouvais, je voyais la terre tourner avec une rapidité prodigieuse, et j'entendais l'axe colossal crier sur son support de granit avec des bruits rauques qui me glaçaient la moelle dans les os! Au-dessus de moi et au-dessous, tout était ombre et mort, la vie semblait cesser à l'endroit où la terre laissait passer son axe, sur laquelle elle bruissait comme une gigantesque meule mise en mouvement par la main d'une puissance surhumaine. J'eus peur, je l'avoue; je me signai et je priai Dieu de me rendre à la terre, notre mère à tous, et sur le sein de laquelle je retrouverais sans doute cette mystérieuse rapidité qui devait m'éloigner de ces lieux funestes.

« Le lieu où je me trouvais eût été complétement plongé dans d'épaisses ténèbres, sans les reflets pourprés de l'aurore boréale qui jetaient sur tout ce qui m'entourait comme un sanglant crépuscule. Devant moi se dressaient les hauts glaciers du pôle, dont les sommets, illuminés par les rayons du météore arctique, semblaient d'immenses torches éclairant l'agonie d'un monde. Au pied des montagnes, les ténèbres donnaient des aspects formidables et grotesques aux pans de rochers sculptés par la foudre. Derrière moi, le rocher noir, colossal, auprès duquel le pic de Ténériffe et l'Etna n'eussent été que des grains de sable, plongeait sa base dans le vide, tandis que sa cime se perdait dans des profondeurs inconnues. A mes pieds, toute végétation avait cessé, et sans l'horrible bruissement de la terre tournoyant sur son essieu comme le volant d'une machine à vapeur, tout eût été mort, ombre et silence !

« Une stupéfaction profonde, à laquelle se mêlait une terreur inquiète, s'était emparée de moi et m'avait rendu immobile. Je ne pouvais détacher mes yeux du rocher noir et de notre pauvre globe transpercé par cette effroyable barre de fer qui tournait avec des mugissements tantôt sourds, tantôt éclatants à vous donner le vertige !

« Tandis que je me reprochais ma témérité et mon imprudence, et au moment où je m'élançais pour regagner la terre sur laquelle j'espérais recouvrer ma vélocité primitive, j'entendis des voix et des rires étranges qui semblaient partir du rocher noir : je tournai les yeux du côté d'où paraissaient venir ces bruits, et ma surprise et ma frayeur parvinrent à leur comble !

« Sur le flanc du rocher couraient des espèces de géants noirs, velus comme des ours et dont les mains étaient armées de griffes à lutter avec des tigres. Sur leur vaste front on voyait luire en caractères de feu, qui semblaient avoir été gravés par le tonnerre, ces mots : *Légion de Bélial*, n°6496. Des yeux rouges et flamboyants éclairaient de reflets sinistres leurs figures hideuses contractées par un rire atroce. Quelques-uns, couchés sur le flanc du rocher, enveloppés de leurs vastes ailes, semblaient se reposer. D'autres portaient de grandes cruches d'huile qu'ils venaient vider sur l'extrémité de l'axe de la terre. Un d'entre eux, qui paraissait être le chef, regardait de temps en temps le travail de ses compagnons et souriait en jetant vers le ciel des regards qui me glaçaient le sang dans le cœur.

« — Eh bien! dit l'un des démons à un autre, crois-tu que nous en ayons encore pour longtemps à surveiller cette sotte planète et à tourner cette ennuyeuse manivelle? Il me semble que notre faction doit être finie et que le temps est venu de nous relever? Quelle est la légion qui est de garde?

« — Celle de Belzébuth, répondit une voix qui ressemblait à un tonnerre souterrain.

« — Tant mieux! fit le premier démon, j'aime à voir cet orgueilleux humilié et transformé de temps en temps en chien de tournebroche! Et toi, Bélial, qui es revenu hier de la planète et qui l'as visitée dans tous les sens, à l'intérieur et à l'extérieur, pour combien d'années penses-tu que nous en ayons encore à nous morfondre ici et à souffler dans nos doigts, au lieu de pouvoir nous chauffer à nos bons feux de bitume et de soufre?

« — Ma foi! dit celui qu'on avait appelé Bélial, j'espère que le jour de notre délivrance est proche. Tout est vermoulu, lézardé et croulant sur cette ridicule terre. L'équateur est usé comme un vieux cercle de futaille, les tropiques sont détraqués, les cercles polaires ne peuvent plus servir tant ils ont été soudés de fois! Quant aux pôles, vous savez comme moi combien ils ont besoin de promptes réparations. Rien ne tient plus, toute boîte, tout branle, tout crie, tout craque, c'est à faire pitié! J'examinais ce matin les points cardinaux; ils sont dans un état déplorable! Le nord et le sud, l'est et l'ouest se confondent parfois à n'y plus rien reconnaître! Ma parole d'honneur, si j'avais fabriqué une aussi sotte machine, je ne m'en vanterais pas! Et puis le temps n'est pas seul à l'œuvre. Les hommes le secondent à faire plaisir! Ils ont tant fouillé, percé, miné les entrailles de leur globe, qu'un de ces jours tout disparaîtra par un trou que l'Océan se chargera de combler. Les antipodes se rencontreront par un chemin auquel ils n'ont pas songé. J'ai visité des pays où l'on marche sur une voûte sonore, tant les fils d'Adam ont profondément éventré cette pauvre terre qu'ils n'avaient été condamnés qu'à labourer. Ils ont maintenant des machines qu'on croirait inventées par l'un de nous et au moyen desquelles ils convertissent chaque jour quelques milliers de mètres cubes d'entrailles terrestres en simple fumée. Ils sont parvenus à faire *rien* de quelque chose. Aussi il faut voir comme ils se vantent de leur *progrès!* D'un autre côté, les volcans nous secondent du mieux qu'ils peuvent ; je suis assez content de l'Etna, il nous débarrassera un de ces jours de la Sicile. Quant au Vésuve, il dort comme un canon déchargé, il n'y a pas grand'chose à attendre par là ! Mais parlez-moi des Cordillères ! Depuis le détroit de Behring jusqu'au cap Horn, ce n'est qu'une traînée de volcans qui éclateront comme une mine quand le moment sera venu. Du reste, tout est dans un tel désordre sur la terre, que j'ai rencontré l'hiver là où je devais espérer le printemps. Les pommiers et les pêchers sont tout étonnés de s'éveiller de leur sommeil d'hiver au milieu des neiges et des glaces. Les fleuves se promènent sur les grandes routes, et le soleil morfondu lutte en vain contre les vents du nord qui lui barbouillent la figure d'un masque de frimas, et cela en plein mois de mai ! Pauvre monde ! nous nous faisons vieux, et il est grandement temps qu'on te décroche pour cause de réparations urgentes !

« — Et combien de temps lui donnes-tu encore pour s'écrouler comme un tonneau décerclé? dit l'un des démons.

« — Ceci, camarades, dépend un peu de notre habileté, dit Bélial ; tout en feignant le zèle et en simulant l'obéissance, nous pouvons hâter l'agonie du domaine des fils d'Adam. Par exemple, l'un de ces jours, l'équateur peut se rompre *par accident*, par hasard. Ces choses-là se sont déjà vues, et quand elles arrivent à une machine à moitié détraquée, il n'y a pas de quoi s'étonner. Ainsi, l'un de ces matins, lorsque Gabriel, Michel, Ithuël ou l'un ou l'autre des intrigants emplumés de l'état-major d'en haut qu'on nous a donnés pour surveillants, viendra faire sa ronde habituelle, nous lui dirons :

« Que Votre Excellence ne se courrouce pas et « ne nous attribue pas le malheur qui vient d'arri- « ver ! La terre est disparue sans que nous sachions « comment la chose s'est faite. Votre Seigneurie se « rappellera que nous avons souvent appelé son « attention sur les nombreuses avaries qui s'y « étaient manifestées depuis longtemps. L'équateur « a éclaté, et les zones, projetées par la force cen- « trifuge, se sont échappées comme des pierres lan- « cées par une fronde. Quant à en chercher les « morceaux, Votre Courtoisie comprendra la folie « d'un pareil projet ! On nous avait chargés de « l'entretien du pôle, nous avions même poussé la « sollicitude jusqu'à le faire galvaniser au moyen « du procédé Jacobi, pour le préserver de la « rouille ? » Que voulez-vous que réponde à cela celui des séraphins qui sera de service ? Il fera son rapport, nous signerons le procès-verbal et tout sera dit.

« — L'idée de briser l'équateur n'est pas mauvaise, fit un petit démon qui soufflait dans ses griffes pour les réchauffer, mais la débâcle serait plus drôle encore si nous rompions l'axe du globe auprès du pôle. Cela peut se faire aisément sans nous compromettre. J'ai lu dans *les Mille et une Nuits*, qu'il y a un oiseau appelé *pic*, qui, lorsqu'on ferme son nid au moyen d'une plaque de fer, va chercher quelque part une herbe qui a la propriété de ronger le métal le plus dur. Or, par une circonstance toute *providentielle*, je sais où trouver cette herbe. Qui nous empêche d'en appliquer tous les jours sur l'essieu du globe, et un beau matin, patatras! voilà celui-ci qui s'en va se promener dans les champs du chaos avec une vitesse de cinq cents millions de lieues à l'heure.

« — Ma foi! dit un vieux diable grisonnant qui jusque-là ne s'était pas mêlé de la conversation, occupé qu'il était à graisser l'axe du pôle, voilà des projets qui témoignent plus de zèle que d'expérience. En fait de mal, laissez faire l'homme, il vous dépassera! rapportez-vous-en à lui pour défigurer et détruire le domaine que Dieu lui a confié! D'ici à quelques siècles, cette terre, jadis si belle; cet Éden où les forêts, les plaines, les fleurs, les eaux et les montagues chantaient la gloire du Créateur et le bonheur de la créature; cette terre que Dieu avait confiée à l'homme pour l'embellir et la fertiliser, ne sera plus que la demeure inhospitalière et ténébreuse de quelques phoques et de quelques ours blancs, qui bientôt disparaîtront, ne laissant derrière eux qu'un globe morne et glacé, sans mouvement et sans vie.

« — Et comment cela? fit le petit diable qui avait émis la proposition de l'herbe de l'oiseau *pic*.

« — En laissant faire l'homme, notre meilleur et plus fidèle auxiliaire dans la guerre que nous faisons à Dieu. Cet animal bipède a cela de charmant, qu'il fait le mal gravement, consciencieusement, et avec le calme qui accompagne l'accomplissement d'un devoir. Ce qui chez nous est le résultat de l'inspiration et de l'instinct, est accompli chez l'homme au nom d'une prétendue *sagesse* systématique qui, jusqu'à ce jonr, n'a enfanté que des ruines, sans ouvrir les yeux à personne. Laissez faire l'homme, vous dis-je! déjà les forêts ont disparu de presque toute la surface de l'Europe, et le moment n'est pas loin, où le dernier arbre tombera en arrachant un gémissement à la terre. Vous savez ce qu'est devenue l'Asie presque entière: l'antique berceau du genre humain n'est, à l'heure qu'il est, qu'une solitude torride et stérile, brûlée par l'aquilon et le soleil, et sur laquelle l'aile des vents ne recueille plus même le plus léger nuage. Je donne aux Américains trois siècles pour épuiser la terre de Colomb. Cela fait, les évaporations de l'Ocean, ne trouvant plus sur la terre les cimes des forêts pour les arrêter et les condenser, seront poussées chaque jour vers les pôles, où elles iront augmenter la vaste coupole des glaces et les banquises des solitudes polaires. Bientôt l'Océan ne sera plus qu'un abîme sans eau, mais pavé de sel, ce qui dispensera de saler le dernier hareng qu'on pêchera. D'autre part, la terre, privée de pluies bienfaisantes, ouverte partout aux vents d'est et du nord qui souffleront sans rencontrer d'obstacles, deviendra un aride charnier où l'on se disputera un lambeau de chair, et c'est alors seulement que les hommes *s'aimeront* les uns les autres, mais culinairement parlant. Ils verront dans leur prochain un aloyau, un gigot, une entrecôte, rien de plus.

« — Hourra ! fit le petit diable ; il me semble que je suis de la fête.

« — Ah ! fit le vieux démon avec un accent d'une singulière mélancolie et en s'adressant au diableteau qui l'avait interrompu, — on voit bien que tu es né d'hier, toi ! et que tu n'as pas contemplé comme nous les merveilles et les sublimes harmonies de ce globe, alors qu'il sortit de la droite du Créateur et que la main stupide et les passions insensées de l'homme n'en avaient pas encore altéré l'éclat primitif et l'aspect merveilleux. Ces solitudes embrasées de l'Afrique où le lion règne en maître; ces savanes de l'Amérique, peuplées de jaguars et de loups; ces steppes de l'Asie septentrionale; ces déserts de la Mongolie et de la Chine, où l'oiseau ne trouve pas une graine pour le nourrir, furent jadis autant d'Édens odorants et lumineux, pleins de gazouillements de bengalis et de rossignols. L'homme est passé par là, et derrière lui la désolation et la mort ont étendu leur sombre manteau sur l'œuvre du Créateur. L'homme a déjà *usé* l'Asie et l'Afrique; l'Europe est en train d'y passer; restent l'Amérique et les îles de la Polynésie; laissons faire la civilisation et le *progrès*, et bientôt la terre ne sera plus qu'un globe glacé et stérile, couvert en partie de lacs salés, semblables à ceux que nous voyons dans la lune. Comme ce dernier astre, elle deviendra un réflecteur inutile, vagabondant dans l'espace et titubant sur son écliptique dérangée par l'augmentation du poids des pôles, accrus de toute la pesanteur de l'Océan changé en glaces! Voilà ce que l'homme finira par faire de l'œuvre de Dieu. Vous voyez donc bien qu'il n'a aucun besoin de notre collaboration et de nos lumières. »

Ici j'arrêtai le narrateur pour lui faire une simple et naïve observation :

— Mais, mon bon Jérôme, lui dis-je d'un air où

perçait un peu de moquerie, quelle langue parlaient donc ces démons qui veulent nous faire faire une si désagréable culbute? Vous n'êtes pas, que je sache, versé dans les idiomes cabalistiques; comment avez-vous donc fait pour les comprendre?

— Ma foi! monsieur, la chose est bien simple, dit Jérôme en s'accoudant pour reprendre son récit; ces démons parlaient la langue nationale du paradis terrestre, c'est-à-dire le bon et pur flamand de Bruges et de Blankenberghe. J'ai entendu dire que des savants avaient déjà découvert cette circonstance; eh bien, s'ils ont besoin d'une attestation qui donne à leur système un appni nouveau, je suis prêt à affirmer que toute la milice céleste et infernale parle flamand comme vous et moi.

— Je me souviens, il est vrai, Jérôme, d'avoir déjà entendu professer cette opinion (1).

— Ce n'est pas une *opinion*, monsieur, c'est une vérité, et qui est très-flatteuse pour nous autres Flamands; car si les anges et les pieds fourchus se servent de cette langue, il est clair que le bon Dieu n'en emploie pas d'autre.

— Cela me paraît fort naturel, Jérôme, les la-

(1) Cette découverte, qui fait honneur à l'intelligence et au patriotisme de nos savants, a été exposée par M. le conseiller de Grave dans un mémoire lu à l'Académie de Bruxelles et qui fit dans le temps une sensation profonde.

quais doivent adopter le langage du maître. Mais continuez, votre histoire m'intéresse beaucoup.

— Je le crois sacrédié bien, dit Jérôme, elle nous intéresse tous tant que nous sommes, chrétiens, juifs et Turcs, toutes les créatures de Dieu enfin!

« Donc, après que le vieux diable et le petit démon qui venait de proposer de couper l'axe de la terre au moyen de son herbe maudite eurent fini de parler, tous leurs camarades se mirent à les applaudir; ce fut à qui viendrait leur serrer la griffe. Puis tout à coup ils enlacèrent leurs mains crochues, et les voilà dansant une gigue de l'autre monde qui vous donnait la chair de poule, rien qu'à les regarder!

« Tandis qu'ils dansaient leur infernal *Jim-crow*, voilà un coup de tonnerre qui se fait entendre, et, à la lueur d'un éclair, je vis descendre du haut de la roche noire un cavalier si éblouissant qu'on ne pouvait le regarder. A cette vue, les diables se remirent à leur ouvrage et reprirent leur manivelle comme des ouvriers fainéants surpris en flagrant délit de paresse par le maître. L'ange descendait toujours; il avait à la main une épée qui semblait forgée avec un faisceau d'éclairs. A chaque pas qui le rapprochait des démons, ceux-ci tremblaient dans leurs peaux roussies, que c'était plaisir à voir. Enfin, arrivé auprès des noirs compagnons, il regarda si tout était bien en ordre, s'il y avait de l'huile dans les moyeux ; puis, avec un regard qui eût éclipsé le feu Saint-Elme, il leur dit d'une voix éclatante comme une trompette :

« — Voici que je vous trouve encore à flâner, au lieu de vous occuper de la tâche qui vous est imposée ! Hier encore votre négligence nous a valu deux tremblements de terre à cause des soubresauts de l'axe du pôle dans ses moyeux mal graissés ! Et puis, sur la planète on se plaint du mauvais état d'une demeure dans laquelle on est exposé à se réveiller à cinq cents pieds sous terre ; on expose mon maître à d'humiliantes prières de vouloir bien faire les réparations nécessaires à sa propriété ! Ventre de biche ! si pareille chose arrive encore, je vous étrillerai si dru et si menu, que d'ici à cent ans votre peau ne vaudra rien pour faire des cornemuses !

« — Entendre, c'est obéir ! dit humblement l'un des démons. Cependant, je prendrai la liberté de faire observer à monseigneur que s'il arrivait un de ces jours quelque malheur, on ne manquerait pas de nous l'attribuer, et cependant, ajouta-t-il avec un soupir, il n'y aurait pas de notre faute !

« — Et pourquoi voulez-vous qu'il arrive quelque malheur ? dit l'ange.

« — C'est que, voyez-vous, monseigneur, il y a bien longtemps que cette pauvre planète fonctionne, et vous savez combien de fois elle a déjà été radoubée! L'homme, cette chétive créature qui juge la durée des globes à la misérable mesure de son existence d'un jour, et qui se fait modestement le but et le centre de la création, croit bénignement aujourd'hui que la série des modifications que la terre a éprouvées est épuisée. Parce que depuis six mille ans le relief des continents n'a pas varié, que le bassin de l'Océan est resté le même, il s'endort dans une fausse sécurité, et ne croit plus à ces catastrophes qui en une nuit faisaient surgir de l'Océan la chaîne des Pyrénées ou celle des Vosges, et arrachaient l'Angleterre au continent européen. Cependant, monseigneur, une nouvelle crise se prépare : le feu central, le basalte en fusion, qui occupe, comme vous le savez peut-être, le centre du globe, et qui marque deux cent mille degrés (1) au pyromètre, se tourmente et s'agite depuis quelque temps de manière à présager un nouveau cataclysme. Si j'osais, monseigneur, émettre un avis, je dirais que je crois la croûte solide du globe trop faible relativement à un rayon terrestre qui compte six mille kilomètres. La faiblesse de cette croûte, déjà crevassée en beaucoup d'endroits, cédera un

(1) La plus forte chaleur que puisse produire l'homme au moyen de ses appareils est de *quatre* mille degrés.

de ces jours sous la pression de la masse incandescente, dont la température est capable de réduire en vapeur un obélisque de porphyre égyptien. Or, en comparant, ces jours derniers, la pression atmosphérique qui s'exerce sur l'enveloppe terrestre avec la force ascensionnelle et expansive du feu central, j'ai trouvé des résultats qui me font trembler pour l'avenir de cette pauvre bicoque de planète, qu'il serait bientôt temps de décrocher pour réparations urgentes.

« Tandis que le vieux démon exposait ainsi à l'archange de service ses craintes sur l'état du globe, celui-ci lissait ses belles plumes d'azur mordoré, avec une certaine complaisance. Puis tout à coup, comme cédant à une pensée envieuse, le blond séraphin dit au pied fourchu :

« — Voilà certes une sollicitude pour les œuvres de mon maître dont on pourrait vous tenir compte, si l'orgueil, l'antique et l'éternel péché, n'y avait une large part. Vous-êtes savant, mon cher! très-savant! Quel dommage d'avoir privé de vos lumières et de votre science le conseil d'État de mon maître! Nous autres anges fidèles, nous ne nous piquons pas d'en savoir aussi long; mais...

« — Je vois que Votre Excellence va m'alléguer la supériorité de la foi sur l'intelligence; c'est un vieux sermon que je sais sur le bout de la griffe. Nous autres *ci-devant*, nous ne pensions pas manquer de respect au Créateur en étudiant la pensée qui présida à ses œuvres et aux lois de l'univers. Aujourd'hui, tout est bien changé là-haut : vous avez remplacé l'école polytechnique du ciel par un conservatoire, où l'on ne chante pas toujours juste, à ce que j'ai entendu dire....

« — Un mot de plus ! et je vous flanque trois siècles d'arrêts forcés au fond de l'Etna ! dit le chérubin en colère. Qui donc vous a appris, impertinente peau roussie ! à douter de l'éternité des œuvres de mon maître ? Votre science vous a bien servi, je vous en fais mon sincère compliment ! tant de mathématiques aboutir à faire de vous un chien de tourne-broche, c'est flatteur ! Plus un mot ! et à l'œuvre ! Sachez que ce globe durera toujours assez pour vous faire enrager et pour constater la puissance de celui qui a changé votre lumière éthérée en ténèbres infernales.

« Après ces paroles, l'ange déploya ses ailes pour regagner son gîte, et il avait déjà donné deux puissants coups d'aile, lorsqu'il se ravisa, et se tournant vers le maudit :

« — Après cela, lui dit-il d'une voix plus calme, s'il y avait quelques réparations urgentes à faire, prévenez-en l'archange de corvée. On vous tiendra compte de cette sollicitude.

« — Les ordres de monseigneur seront exécutés, dit le démon en courbant gracieusement son échine velue et dentelée, pareille à celle que Franck Floris donne aux démons de son jugement dernier.

« Sous la parole humble et servile du démon, on sentait percer une ironie sanglante à laquelle l'ange ne prit sans doute pas attention, car il remonta vers le ciel après avoir de nouveau ordonné à ses esclaves de veiller à leur besogne.

« Aussitôt que la dernière trace lumineuse qui accompagnait le vol de l'ange comme un sillon de feu eut disparu, les noirs ouvriers reprirent leur danse infernale, et je profitai de leur distraction pour regagner la terre, où je sentis bientôt que j'avais recouvré ma merveilleuse rapidité au moyen de laquelle il me semblait que j'aurais défié le vol des démons. »

— Mais, dis-je au pêcheur, savez-vous que vous avez pris sur vous une grande responsabilité en ne dévoilant pas l'affreux complot que vous avez entendu ?

— Et comment l'aurais-je pu ? un seul mouvement m'eût fait découvrir, et Dieu sait quel eût été mon sort entre les griffes de ces maudits ! Et cependant maintenant je me reproche de n'avoir pas eu ce courage ! A chaque moment il me semble que notre pauvre terre va sauter comme une bombe ou s'abîmer comme une ancre dont on a coupé le câble. Cette nuit j'ai fait des rêves horribles ! désormais ma vie est empoisonnée ; je ne me coucherai plus un soir sans me demander si je ne me réveillerai pas dans ces épaisses ténèbres, au milieu desquelles s'élève le rocher du pôle. Et penser qu'à cela il n'y a nul remède, aucun moyen d'empêcher le péril, aucun moyen de s'y soustraire! Ah! monsieur, j'en perdrai la raison!

— Il y aurait en effet de quoi troubler la raison, mon cher Jérôme, si ce que vous me racontez en ce moment était autre chose que le rêve fiévreux d'un cerveau en délire.

— Vous aussi, monsieur! vous croyez que je ne jouis pas de ma raison! Mais si quelque chose pouvait me la faire perdre, ce seraient sans doute ces attestations de trois capitaines de navire en rade dans le golfe de Finlande et qui prouvent que ce matin à sept heures ils m'ont vu et parlé et donné des lettres pour Anvers et Ostende; ce sont encore ces certificats signés par des marins du Grand-Belt dans la mer Baltique, lesquels déclarent que moi, Jérome Axel, j'ai pris ce matin connaissance de leur chargement, du lieu de leur destination, du nom de leur navire et de celui de leurs armateurs. Voyez ces lettres et ces pièces, et osez encore dire après cela que je suis fou!

Tout en parlant ainsi, Jérôme tirait de la poche de son paletot un paquet de lettres que je lus avec une profonde terreur. Ces attestations étaient en règle, et puis l'honnête pêcheur eût été incapable de mentir et moins encore de forger de pareilles pièces.

— Je ne comprends rien à votre aventure, mon bon Jérôme, dis-je d'une voix éteinte ; mais racontez-moi comment vous êtes sorti de ce terrible péril et comment vous êtes arrivé jusqu'ici sain et sauf.

— Voici, monsieur.

« Au moment où j'atteignis la terre, je me jetai à genoux, pour remercier Dieu de m'avoir sauvé d'un danger auprès duquel dix naufrages n'auraient rien été pour moi. Un pâle crépuscule éclairait les affreux rochers nus et glacés qui m'entouraient; je marchai vers le sud, je traversai les âpres solitudes des Samoyèdes, le Tax, l'Obi et une foule de rivières ignorées de nos géographes ; je longeai les bouches du Jenisseï, le golfe de Tydanski, celui de l'Ob, celui de Kola ; puis, tournant à l'ouest, je traversai l'Oural à la source du Petchora, où je tombai épuisé par toutes les émotions qui m'avaient si rudement secoué depuis mon départ de Blankenberghe, où ma femme devait être fort inquiète de mon absence.

« Au lever du soleil, je repris ma route en laissant Archangelsk sur la droite et appuyant toujours vers l'ouest. Quelques minutes après, j'arrivais à Saint-Pétersbourg, où je déjeunai avec les deux francs qui me restaient. J'aurais fort désiré voir cette ville, mais dans ma position c'était une chose impossible. Un pas que je faisais me transportait à des distances considérables. Je quittai la capitale de la Russie en longeant le golfe de Finlande ; je suivis quelques minutes les bords de la mer Baltique ; je traversai la Vistule, l'Oder, l'Elbe et le Rhin, où je m'arrêtai pendant quelques minutes pour admirer la beauté de ce noble fleuve, qui porte comme une couronne de burgs et de châteaux. Tandis que je contemplais ces tours en ruine, perchées sur le sommet des montagnes comme des vigies sur les huniers des perroquets, un jeune homme en casquette verte, le sac au dos, une longue pipe à la main, me rejoignit et me demanda, avec cette familiarité qui s'établit si vite sur les grand'routes entre gens qui ne se connaissent pas, d'où je venais et où j'allais.

« — Je viens du cap Severovostoschnoï, camarade, lui dis-je en souriant.

« — Et où diable prenez-vous ce cap dans le Rhin, l'ami ?

« — Je le prends où il est, c'est-à-dire sous le soixante-et-dix-neuvième degré de latitude nord et le centième de longitude. Cela forme l'extrémité boréale de la terre. Les ours blancs mêmes n'y sortent jamais sans gants, tellement le climat est agréable.

« — Et depuis quand êtes-vous en route, camarade ?

« — Ma foi! depuis deux heures à peu près. Cela fait quinze cents lieues par heure.

« — Ah! fit l'Allemand en me regardant avec attention des pieds à la tête, mais surtout aux pieds.

« Puis, s'approchant de moi, il me dit à demi-voix :

« — Vous *les* avez trouvées dans la mer Blanche, sans doute, car c'est là que Pierre Schlemihl, celui qui avait vendu son ombre au diable, les a perdues!

« Je regardai à mon tour l'Allemand pour voir s'il ne se moquait pas de moi; mais il reprit avec le même mystère :

— Quelles conditions *Old Nick* vous a-t-il faites pour se dessaisir de ce merveilleux talisman? Vous saurez, monsieur, qu'*Old Nick* est un mot anglais qui veut dire le vieux Satan.

« — Mon ami, dis-je à l'étranger, faites-moi le plaisir de me parler en chrétien ; je ne comprends pas les oracles et les mystères !

« — Parbleu! dit l'Allemand, je suis clair, il me semble : vous venez de l'extrémité nord de l'Asie jusqu'à Mayence en deux heures. Or, dites-moi s'il y a au monde un autre cordonnier que le diable qui puisse vous chausser un homme pour voyager de cette sorte? Vous avez les fameuses bottes de sept lieues, de l'ogre qui fut tué par le Petit-Poucet.

Après la mort de celui-ci le diable les racheta; mais elles lui furent volées par Pierre Schlemilh, qui, un beau jour, se noya dans la mer Blanche, qu'il pensait pouvoir traverser en un saut, croyant que c'était le golfe de Kandalask, qui est plus au nord. Du reste, je connais vos bottes; mon grand-père, qui les avait vues, m'en a fait plusieurs fois la description. Et vous pouvez vous estimer heureux si votre noir bottier ne vous prend pour payement que le salut de votre âme !

« A mesure que l'Allemand parlait, une sueur froide inondait mes membres ; mes yeux se voilèrent ; mes dents se heurtaient comme une voile fouettée par l'ouragan ; je crus un moment voir dans les yeux de l'Allemand un regard féroce qui me figea le sang ; sa barbe rousse semblait flamboyer ! Sans raisonner mes craintes, je m'éloignai brusquement de cet inconnu, qui me parut d'autant plus suspect qu'il affectait de tenir constamment ses mains dans les vastes poches de son pantalon. Je fis deux pas, et je me trouvai de nouveau seul sur les bords du Rhin, en proie à mille pensées étranges. Mes bottes maudites semblaient me brûler les pieds. Cette vélocité qui m'émerveillait d'abord m'épouvantait maintenant. Il me semblait qu'une main infernale et invisible me poussait ! Cependant, la vue du clocher de Bruges me rendit un peu de courage, et bientôt je me trouvai transporté à la porte de ma demeure, où ma femme, en proie à des angoisses mortelles, m'attendait depuis la veille. La malheureuse femme ne s'était pas couchée de la nuit.

« — Ote-moi ces bottes! ces maudites bottes! criai-je à ma femme en me laissant tomber sur une chaise; ôte-les-moi, et que je ne les voie de la vie!

« Sans mot dire, ma femme me déchaussa, et je me jetai sur mon lit, où il paraît que le souvenir de ce qui m'est arrivé depuis hier m'a fait dire des choses que mes voisins ont prises pour du délire.

« Voilà mon histoire, monsieur! Et maintenant, sur votre salut, me jurez-vous que, lorsque vous m'avez donné ces fatales bottes, vous ignoriez leur puissance et leur vertu infernale? »

— Sur mon âme, je vous le jure, Jérôme! fis-je avec chaleur, et je serai plus sincère encore: si j'avais connu leur puissance occulte, je vous assure que je les aurais gardées pour moi. Il y a longtemps que je rêve aux moyens de faire le tour du monde d'une manière économique. Mais où sont-elles ces bottes magiques que l'ogre, le Petit-Poucet, Pierre Schlemilh et vous avez portées chacun à votre tour sans les user?

— Elles sont retournées d'où elles étaient venues, sans doute, dit la femme du pêcheur, qui rentrait en ce moment, je viens de les jeter par la fenêtre, et une sorte de mendiant que je ne connais pas, s'est précipité dessus comme sur une proie longtemps attendue; puis il s'est chaussé au milieu de la rue en me regardant avec un sourire qui sentait le soufre : une seconde après, le mendiant avait disparu !

— Vous vous êtes peut-être un peu trop pressée, dis-je à la femme du pêcheur, j'aurais bien été curieux de les esayer !

— Que le Ciel vous en garde, monsieur! dit Jérôme, car je sens que le souvenir de ce que j'ai vu par ce moyen fatal, me tuera !

En effet, le pauvre Jérôme, toujours préoccupé de la malice des démons chargés de l'entretien du pôle, est mort ces jours derniers, dans un accès de délire, pendant lequel il voulait s'opposer aux tentatives des noirs ouvriers occupés à ronger l'axe du globe, au moyen de l'herbe connue par l'oiseau Pic!

Et maintenant, qui nous dira que Jérôme était fou? Les capitaines arrivés du golfe de Finlande, quatre ou cinq mois après sa mort, ont déclaré que les lettres trouvées entre les mains du pêcheur étaient authentiques, et qu'ils les avaient remises, cinq mois auparavant, à un homme qui affirmait être parti depuis deux heures de l'extrémité nord de l'Asie, et qui voulait rentrer à Blankenberghe avant l'heure du dîner, pour ne pas inquiéter sa femme.

UNE VISITE NOCTURNE.

Le proverbe : « Nul n'est prophète dans son pays, » pourrait s'appliquer aussi bien aux monuments et aux raretés architectoniques d'une contrée, qu'aux hommes. L'habitude de vivre côte à côte avec les merveilles de l'art ou de la nature, doit émousser singulièrement l'admiration qu'elles inspirent à ceux qui les voient pour la première fois. Aussi comprenons-nous fort bien l'ébahissement des Arabes du désert, à la vue de ces intrépides touristes qui bravent le simoun, la peste, les voleurs, les privations et les coups de soleil, pour venir admirer ces montagnes de moellons sous lesquelles les Pharaons de Memphis allaient goûter pour l'éternité un repos et une fraîcheur qu'ils avaient cherchés en vain pendant leur vie.. En voyant nos savants et nos artistes mesurer et dessiner les grands sphynx de granit rose qui, les pattes étendues au soleil, regardent l'Orient de leur œil de pierre comme s'ils attendaient quelque nouveau Sésostris; en voyant des caravanes d'Anglais, tout imprégnés de l'ennui britannique, faire servir leur dîner sur les genoux de quelque dieu nubien — mystérieux colosse à moitié enseveli dans le vaste linceul des sables du désert, — les ciceroni égyptiens se sont plus d'une fois demandé sans doute : ce qui dans ces ruines pouvait tant intéresser les Européens, pour qu'ils s'exposassent à être torréfiés par le soleil, dévalisés par les Arabes, ou croqués par les crocodiles du Nil, ces antiques dieux de l'Egypte, qui aujourd'hui encore prélèvent une si large dîme sur leurs anciens adorateurs.

L'engouement de quelques hommes, la publication de quelques guides fashionables, ont suffi en Angleterre pour mettre à la mode le Rhin et ses bords. On est allé demander à chaque ruine du Taunus ou du Schwarzwald des légendes ou des histoires émouvantes, comme si l'Ardenne, cette âpre et poétique terre, ne portait pas au front de chacun de ses manoirs noircis par l'incendie ou ébréchés par le bélier et le canon, une légende triste ou glorieuse. — Mais les choses vont de telle façon, que les Allemands connaissent fort mal les rives de leur *vieux père Rhin*, dont le moindre touriste anglais a visité toutes les ruines, tandis que, d'autre part, les Anglais s'adressent aux relations des voyageurs allemands pour connaître l'Ecosse. Et nous-mêmes, ne sommes-nous pas un peu Anglais sur ce point? Nous avons notre Rhin belge, la Meuse, dont les flots ont été rougis tantôt par les reflets de l'incendie, tantôt par le sang qui venait se mêler à ses eaux. Depuis Givet jusqu'à Maestricht, combien de ruines, de manoirs, de châteaux dont le nom se rattache à nos ardentes luttes nationales! Chaque donjon qui mire aux eaux du fleuve sa tête mutilée et privée de sa couronne de créneaux, aurait, si nous savions l'interroger, d'étranges choses à nous raconter. Mais comme il entre dans le tourisme plus de vanité que d'intelligente curiosité; comme il s'agit surtout de faire connaître le chiffre de sa fortune par les frais d'un voyage lointain, tous nos bourgeois, nos banquiers, nos commerçants retirés, aussitôt que vient le printemps, se claquemurent dans une bruyante chaise de poste, et, munis d'un guide en Italie, les voilà partis pour la ville éternelle.

Les bourgeois et les Anglais ont gâté l'Italie;

ils ont laissé sur cette vieille terre des Césars et de Michel-Ange une traînée de prosaïsme boutiquier pareille aux traces que le limaçon laisse sur les murs. On trouve les bourgeois et les Anglais dans tous les coins de Rome, les premiers s'étonnant de ce qu'on ne démolisse pas le Colysée pour en faire de bonnes maisons qui rapporteraient au pape six pour cent de son argent, — les seconds lorgnant le Panthéon d'Agrippa que Michel-Ange a jeté à trois cents pieds dans les airs, et murmurant d'un air ennuyé : *Very nice! very pretty!* — Au bout de quinze jour d'ennui, quand il croit avoir satisfait aux exigences du tourisme fashionable, le bourgeois et l'Anglais regagnent leurs pénates en résumant leurs impressions de voyage: le premier, en déclarant que Rome est une ville qui *a besoin de beaucoup de réparations;* le second, en s'étonnant de ce que les Romains vivent dans une si complète ignorance du *pigeon-pie*, des *Rump-Steack* et du *Barclay-Stout.*

Mais nous voici bien loin de notre sujet et de la légende que nous avions envie de vous raconter.

Sans s'éloigner beaucoup de Bruxelles, on peut, lorsque vient la saison où les aubépines parfument les sentiers et où une voix d'oiseau gazouille dans chaque buisson d'églantier, on peut, disons-nous, faire de charmantes excursions artistiques et romantiques autour de la capitale. Il suffit pour cela de se munir de quelques cigares et de se mettre en route pour Léau, Leefdael, Gasbeék, Villers, l'abbaye d'Aulne, Groenendael, Beersel, etc., etc.

Chacune de ces localités, de ces abbayes, chacun de ces châteaux, de ces ruines, pourrions-nous dire, a sa légende, quelquefois sombre, presque toujours poétique. Il semble que les souvenirs d'un autre âge n'aient aujourd'hui pour dernière demeure que ces murs croulants, ces tours lézardées, ces manoirs que la pariétaire et la giroflée couvrent d'un manteau de verdure et de fleurs, comme pour cacher les injures du temps et celles bien plus terribles des passions des hommes.

Parmi toutes ces ruines, le château de Beersel est l'une des plus remarquables. Les vents et la pluie ont depuis vingt ans surtout fait d'affreux ravages dans ce formidable manoir qui dresse encore vers le ciel ses trois tours, dont les murs n'ont pas moins de sept pieds d'épaisseur : autour du château règne un fossé desséché que chaque printemps couvre d'une odorante neige de marguerites et de myosotis. Deux poutres recouvertes de quelques planches, sont tout ce qui reste du pont qui jadis résonnait sous les pieds des hommes d'armes et des chevaux de guerre. Au-dessus de la poterne constellée de clous se voit l'ouverture d'où tombait la lourde herse de fer. Les tours sont reliées entre elles par un rempart circulaire jadis couvert et crénelé, et derrière lequel les sagettes et les carreaux des mangonneaux partaient pour aller percer les lourdes cuirasses et les cottes de mailles. Ce rempart est aujourd'hui découvert et domine les cours du château où pousse une herbe drue et vigoureuse. Les trois tours lézardées comme si la foudre les avait frappées, étonnent par leur aspect de grandeur et de force. Ce sont des montagnes de pierre dans chaque plan desquelles on peut se tailler une maison. Le sommet de ce donjon dépouillé de son diadème de blancs créneaux, porte un panache d'arbrisseaux semés par les oiseaux et qui menacent de devenir de hauts peupliers ou de magnifiques ormes. Les escaliers en spirale maintenant écroulés obstruent l'intérieur des tours; les fenêtres fouettées par le vent réveillent dans tous les coins du manoir une foule d'échos sonores. Les vastes salles n'ont plus d'autre voûte que l'azur bleu du ciel; en un mot, le château de Beersel réalise de la manière la plus complète et la plus pittoresque le type de ces vieux débris féodaux destinés à être le théâtre d'événements étranges.

Il serait assez curieux de rechercher pourquoi le fantastique ne se trouve dans son milieu normal qu'au milieu des ruines d'un passé ardent, passionné et brutal, tel que l'était le moyen âge. Le cadre naturel de tout drame d'outre-tombe est un donjon écroulé dans lequel le vent pleure avec des voix dolentes et où la nuit venue, l'ombre se peuple de formes indécises, de bruits inouïs, de lueurs sinistres, tandis que dans l'air calme et pur de la nuit, les oiseaux des ténèbres décrivent leurs diaboliques spirales en poussant des cris lamentables qui s'harmonisent merveilleusement avec tout ce qui les entoure.

Au lieu de cela, placez un drame fantastique dans un château moderne, bâti à l'italienne, avec ses lignes architecturales droites et pures, il vous manquera une des conditions essentielles du drame, c'est-à-dire cette réunion de grandeur et de mystère qui donne à tous ces vieux témoins d'un âge de sang et de violence, ce cachet que rien ne peut remplacer.

Il n'est pas d'hommes, croyons-nous, fût-ce même un notaire, un banquier ou un Shylock d'hôtel garni — tous gens peu portés au merveilleux — qui n'ait souhaité au moins une fois dans sa vie d'assister à l'une de ces mystérieuses résurrections qui s'accomplissent quelquefois dans ces ruines si pittoresques au soleil levant, mais que l'aîle de la nuit peuple de tant d'émouvantes terreurs. Chacun a désiré — tout en le craignant — d'assister une fois à l'un de ces conciliabules étranges que les hôtes du sépulcre tiennent dans ces lieux voués au silence. On voudrait voir les vieux portraits descendre de leurs cadres, les sphynx gigantesques des chenets allonger leurs formidables griffes en poussant un bâillement sonore, les vieux saints poudreux et les barons de pierre quitter leurs niches et leurs pierres sépulcrales pour venir, à la lueur d'un rayon de lune, se promener le long des remparts écroulés, ou méditer dans l'angle de quelque vitrail, que traversent rapidement l'orfraie et le hibou, commensaux naturels de toutes ces ténébreuses choses. Si le fantastique a des charmes si irritants sur des imaginations vouées aux choses positives de la vie, quel puissant attrait ne doit-il pas avoir sur des natures poétiques, passionnées, fébriles, amies du merveilleux, et qui ont désiré vingt fois le bonheur de don Juan faisant descendre le vieux commandeur de son tombeau de marbre pour venir souper avec lui?

Il y a dix ans de cela, je me trouvais dans toutes les conditions voulues pour être le héros d'une apparition. Je ne sais quelle fantaisie dans laquelle il entrait beaucoup de la paresse du lazarone et de la contemplation rêveuse du poëte, m'avait attiré à Beersel pour y parachever mes études des poëtes anglais. C'était pour lire Byron et les légendes poétiques de Walter Scott un admirable lieu. On ne comprend bien Lara, Manfred, la dame du Lac, que dans ces solitudes. Mes journées se passaient à tirer des hirondelles, des geais, à lire Byron, à fumer et à dormir sous les vieux chênes de l'avenue qui longe le château à droite.

La vaste cour du manoir, débarrassée des écuries, de la chapelle, des communs destinés aux hommes d'armes et aux valets, n'est plus aujourd'hui qu'une grande place circulaire dans laquelle croît une herbe vigoureuse entremêlée de ronces et d'églantiers. Les noires arcades des souterrains, dépouillées de leurs portes, se découpent vigoureusement sur le ton rouge et fauve des tours qui les dominent. Dans le jour, quelques chèvres et quelques porcs errent en liberté dans le château, qui, une fois la poterne fermée, n'a pas d'issue et soutiendrait encore une attaque en règle.

Je passais quelquefois mes journées entières dans le manoir, m'amusant à fusiller, du haut des remparts, les corbeaux et les geais qui habitent les chênes de l'avenue. Une ou deux fois je m'étais attardé dans la grande salle de la tour du midi, la seule qui possède à l'étage une pièce dont la voûte ne soit pas effondrée par les pluies. Plusieurs fois j'avais formé le projet d'y passer la nuit en compagnie de mon chien, bel épagneul noir à la robe soyeuse et qui faisait une rude guerre aux rats, véritables propriétaires de cette belle ruine, que M. le duc d'Aremberg sauverait avec la moindre bribe de ses immenses revenus. Enfin, un jour je vins prendre possession du château ; j'y fis porter un matelas qui, placé dans une embrasure de fenêtre, longue de six pieds, me fit une sorte d'alcôve assez confortable; puis, après m'être muni d'une brassée de bois mort, de deux chandelles et d'un briquet, j'allai bravement m'installer dans la grande salle de réception, dont les chauves-souris me firent les honneurs avec des battements d'ailes qui n'annonçaient rien de bon.

Vers neuf heures du soir, les derniers rayons du soleil couchant couvraient d'une poussière d'or les murs humides de la salle ; j'allumai dans la vaste cheminée un brasier qui bientôt éclaira toute la pièce et chassa l'ombre des moindres recoins. Après avoir fermé les portes qui donnent sur les remparts et celles qui conduisent au second étage écroulé, j'allai me coucher sur mon matelas. Les bruits s'éteignaient peu à peu dans le village, et l'on n'entendait plus que la brise de la nuit gémissant dans les hautes cimes des arbres. Parfois, une chauve-souris, effarée par les vives lueurs de mon feu, venait traverser la chambre et arrachait des grognements sourds à Puck, qui ne comprenait pas trop ce que je trouvais d'agréable dans ce nouveau logis où le vent entrait par les fenêtres avec des oiseaux noirs et où des caravanes de rats tenaient leurs assises nocturnes. Bientôt le silence le plus complet régna partout, et sauf quelque volet battu par le vent et qui réveillait les échos du castel, aucun bruit n'arriva plus jusqu'à moi.

Puck s'était bravement emparé de mon matelas et n'avait pas tardé à y trouver le sommeil du juste, fatigué de battre les prés et les buissons par toute une longue journée d'été. Quant à moi, malgré mes préoccupations, mes craintes et mon désir de voir s'accomplir sous mes regards quelque formidable mystère, le sommeil commençait à me gagner, et tout en lisant dans *Manfred* la scène de l'incantation, je sentais, comme dit Villon, les contrevents de mes yeux se fermer. Cependant, avant de céder tout à fait au sommeil, j'allai ranimer mon feu, et j'y jetai quelques bourrées qui me promettaient pour deux heures au moins cette vive lumière qui fait, dit-on, fuir les vagabonds des tombeaux ; puis, après ma dernière ronde dans la salle, j'allai me coucher, en ayant soin de tenir sous ma main mon fusil à deux coups, méthodiquement chargé de plomb royal, à la vertu duquel j'attachais la plus grande foi.

Il faut tout dire : je ne dormis pas ; mon sommeil, léger, fiévreux, me représentait toutes les scènes terribles dont de sottes lectures m'avaient farci la tête. Toutes les horreurs d'Anne Radcliff et de *Melmoth* vinrent m'obséder. Tantôt il me semblait voir la muraille s'entr'ouvrir pour laisser passer des êtres sans nom, effroyablement absurdes ; tantôt je voyais les abominables sorcières de la bruyère de Glamis venir faire sous mes yeux leur cuisine infernale d'où sortit le destin de Macbeth. Puis le silence se peuplait de voix mystérieuses et de formes bizarres qui s'appelaient et se répondaient ; ou bien je voyais à mes pieds mon honnête Puck s'enfler et grandir comme le barbet noir de Faust, de manière à remplir toute la chambre. Tous les cauchemars possibles me fouettèrent le cerveau, et lorsque je me réveillai, je me trouvai brisé, comme si mon corps avait suivi mon esprit dans le cycle vagabond de ses courses fantastiques

La vue de Puck dormant d'un sommeil paisible me rafraîchit le sang. Au fait, me dis-je, pourquoi serais-je moins tranquille que cet animal : je n'ai tué ni Banquo, ni personne ; je n'ai fait aucun pacte avec Satan, et quant aux billevesées qui peuplent mon cerveau, c'est en ce moment que je reconnais combien un épagneul est au-dessus d'un chrétien qui s'est meublé la tête des sottises des romanciers et des poëtes.

Mon esprit raisonnait; mais ces raisonnements ne calmaient pas mon sang enfiévré par toutes les mystérieuses obsessions du silence, des souvenirs et du lieu où je me trouvais. Je me levai, j'allai à la fenêtre. La nuit était calme et belle ; la lune, assise sur des nuages d'opale, menait le chœur nocturne des étoiles qui semblaient passer sous les pieds de Dieu en murmurant un hymne à sa grandeur et à sa puissance. Les chênes et les peupliers courbaient la tête comme pour saluer ce magnifique spectacle. Cette vue me ranima complétement et je crois qu'en ce moment j'aurais bravé les neuf cercles d'horreurs du Dante !

Je me recouchai rassuré et tranquille, et je ne tardai pas à m'endormir, en me promettant bien de rire le lendemain de mes terreurs sans objet de la nuit.

Je dormais depuis une heure, lorsque je fus réveillé brusquement par les grognements et les mouvements de Puck qui s'était dressé sur le lit, le nez tourné vers l'une des portes qui conduisaient au rempart et qui, dépourvue de verrous, s'ouvrait en dedans par un simple attouchement. Je crus d'abord que Puck avait été éveillé par quelque rat; mais sa persistance à regarder en grondant la porte du rempart, me donna de l'inquiétude. Je le calmai, et j'écoutai avec cette contention d'ouïe qui, dans le silence de la nuit, perçoit la chute d'une feuille, les mouvements d'un insecte. — Un bruit lent et sourd, comme celui de pas sur l'herbe, se faisait entendre ! Toutes les terreurs qui avaient assailli mon esprit une heure auparavant, me revinrent en foule, grossies cette fois par une certitude que je ne pouvais nier, et qui sans doute allait me rendre spectateur de quelque ténébreux mystère.

De minute en minute, le bruit des pas devenait de plus en plus clair; je tenais Puck par la tête et je lui avais pris la gueule entre les mains pour étouffer ses grondements qui pouvaient m'empêcher d'entendre les bruits du dehors. Tout à coup les pas s'arrêtèrent et la porte du rempart retentit d'un coup sourd, suivi d'un frottement singulier. A ce bruit, Puck se dégagea violemment de mes mains et s'élança vers la porte en aboyant avec fureur. Puis, revenant soudain, il vint se réfugier entre mes jambes, la queue basse, comme si le premier mouvement de son instinct l'avait trompé sur la véritable nature de l'ennemi qui s'approchait. Cette frayeur de mon chien fit parcourir à mon esprit tout un monde d'idées. Allais-je avoir un tête-à-tête avec un des hôtes du tombeau; allais-je assister à quelque congrès pareil à celui que Faust vit sur le sommet du Brocken, ou bien les vieux barons de Wittem, anciens seigneurs du manoir, venaient-ils pleurer sur leurs tours détruites la décadence de leur lignée? La plus raisonnable de ces suppositions était faite pour donner le vertige; la moins effrayante était de nature à terrifier la cervelle la mieux trempée!

Le bruit de la porte continuait, les frottements devenaient de plus en plus vifs; bientôt je vis la porte s'ébranler. Rapide comme la pensée, je pris mon fusil, et j'attendis avec d'horribles battements de cœur la fin de l'aventure. A la vue du fusil, au bruit des chiens qui s'armaient, Puck reprit courage et donna de la voix. Enfin, la porte s'ouvrit lentement, au milieu des grondements sourds de Puck qui s'acculait de plus en plus contre moi. Je vis ou plutôt j'entrevis une masse sombre dans l'entre-bâillement de la porte, et sans en attendre davantage, je tirai dans cette direction un coup de fusil dont la détonnation, répercutée par les échos des salles et des spirales des tours, alla réveiller des légions d'orfraies qui s'envolèrent avec un sinistre frémissement d'ailes.

Le bruit de mon coup de feu n'avait pas été tel cependant, qu'à travers l'ébranlement sonore de l'air, je n'eusse pu entendre un cri perçant comme celui d'un homme blessé. Puck, que le coup de fusil avait rendu à ses instincts de chasseur, aboyait à réveiller un mort. Quant à moi, sans pensée aucune, comme un automate, je rechargeai mon canon vide, et, armé de nouveau, j'attendis les événements, sinon avec calme, au moins avec une résolution stupide.

Trois quarts d'heure se passèrent, pendant lesquels j'aurais pu compter les battements de mes artères. Puck était allé à la porte du rempart et reniflait violemment en grattant le sol et tournant de temps en temps sa tête vers moi comme pour m'appeler et me dire de le suivre. Mais, debout dans mon embrasure de fenêtre, je ne bougeais non plus qu'un terme; toutes mes facultés s'étaient converties en une seule : l'ouïe! et il me semblait entendre dans l'escalier de la tour voisine, des pas précipités qui s'éteignirent enfin dans l'éloignement.

Enfin, l'aube blanchit le ciel et les premiers rayons du soleil levant dorèrent les cimes des tours. Les oiseaux réveillés caquetèrent dans la feuillée et la nature entière sembla sortir de son sommeil. Je respirai comme si l'on m'eût ôté une montagne de la poitrine. Sous cette belle et joyeuse lumière du matin, rien de funeste et de mauvais ne pouvait se rencontrer. Le règne des ténèbres était fini, et avec lui celui des choses qui lui appartiennent. Puck m'appelait toujours vers la porte du rempart : j'y allai cette fois résolûment ; mais, en l'ouvrant, je vis le seuil en pierre blanche taché de sang!

Stupéfait à cette vue, je restai comme pétrifié; ce n'était pas un rêve de mon imagination qui m'avait hanté, et ce que j'avais vu entr'ouvrir la porte n'était pas un fantôme évoqué par mon esprit. Ces traces de sang étaient toutes fraîches, palpables, réelles, et mon plomb avait atteint quelqu'un ou quelque chose.

Le soleil s'élevait de plus en plus au ciel. Le village s'éveillait avec le chant du coq ; j'entendais crier au loin les charrettes dans les ornières des chemins vicinaux. C'était le jour! Pour moi tout était dans ce mot. Je suivis Puck qui me fit traverser le rempart, et, arrivé à la tour à droite de la poterne, je revis les traces du sang sur les marches grises de la spirale de pierre. Ces traces se perdaient un moment au bas de la tour; mais bientôt, guidé par Puck, je les retrouvai à l'entrée d'un souterrain où elles disparaissaient dans la terre humide.

Il y avait dans tout cela quelque mystère que je ne pouvais comprendre. Ma pensée, rassérénée par l'air du matin, rejetait maintenant avec dédain ces sombres croyances et ces superstitieuses terreurs dont je me serais bien gardé de douter au milieu du silence de la nuit. Ce sang n'appartenait pas à un fantôme, et à moins d'avoir blessé un gnome, ou cassé l'aile à un dijinn, je ne pouvais m'expliquer cette preuve de la présence d'un être matériel. J'étais plongé dans ces pensées, lorsque des coups redoublés firent retentir la poterne; j'allai ouvrir, et un petit pâtre entra brusquement sans mot dire et courut vers le souterrain. Puck le suivit avec ardeur, et, au bout de quelque minutes, je les vis revenir tous deux, chassant devant eux un gros porc noir dont la hure sanglante portait des traces de mon plomb royal.

— Voyez, monsieur, me dit l'enfant en fouaillant le porc à grands coups de gaule, ce brigand-là se sera écorché le museau en dégringolant sans doute de quelque escalier. Hier, je n'ai pu le trouver pour le faire rentrer ; heureusement que mon père n'en sait rien !

Tout m'était expliqué, et cependant, malgré ce dénoûment trivial de ma nuitée au château de Beersel, je sais des gens qui y ont vu des choses qui attendent encore une explication.

Peut-être vous raconterai-je un de ces jours la bizarre légende de l'*Homme au chapeau vert.*

FIN.

TABLE DES MATIÈRES.

—

La mort de Guillaume d'Aremberg de la Marck, dit le *Sanglier des Ardennes*. 5
Un Collaborateur inconnu 75
Fin d'une histoire dont le commencement est bien connu. . . , ... 171
Une Visite Nocturne 239

FIN DE LA TABLE.

BIBLIOTHÈQUE INTERNATIONALE:

www.ingramcontent.com/pod-product-compliance
Ingram Content Group UK Ltd.
Pitfield, Milton Keynes, MK11 3LW, UK
UKHW020206250726
13967UKWH00003B/1301